# PLANTEZ *votre* DECOR

*Terence Conran*

# PLANTEZ *votre* DECOR

*Susan Conder*

*Traduction de Gérard Piloquet*

Flammarion

*A Neville, Gabby et Boo*
*Avec mes remerciements à Jasmine Taylor*
*et Anthony Ayling*

Maquette de couverture : Arbook
Photo 1e de couverture : Yves Duronsoy, Mon Jardin et Ma Maison
Photo 4e de couverture : Gilles de Chabaneix

Titre de l'ouvrage original :
PLANTS AT HOME
publié par Conran Octopus Limited, Londres


I S B N : 2.08.201903.9
N° d'éditeur : 15460
Dépôt légal : novembre 1987
Imprimé en Espagne

# SOMMAIRE

# AVANT-PROPOS

Les plantes et les fleurs coupées ont le pouvoir de donner couleur et vie à n'importe quel intérieur. A mes yeux, ce sont là des composantes indispensables du cadre domestique, au même titre que les portes, les fenêtres ou l'ameublement. Plantes et fleurs nous raccordent à tout ce qui est naturel. Elles nous donnent le tempo d'une existence paisible au milieu du flot des contraintes de la vie urbaine ; elles nous rappellent le rythme des saisons, devenues inexistantes dans nos environnements climatisés ; elles nous apportent à domicile tout le charme et la grâce de la nature.

S'il est naturel de nous intéresser de plus près et d'accorder une curiosité plus vive à ce qui nous surprend par sa nouveauté — une recette, un site, un collègue de travail, une relation —, j'avoue ne ressentir ni engouement particulier pour l'excentrique, l'introuvable, l'ésotérique, ni besoin effréné de le débusquer à tout prix. Peu m'importe donc le nombre de ficus pleureurs que je vois ; jamais je ne me lasse d'en contempler un de plus, pour autant qu'il soit de bonne taille, bien développé, parfaitement mis en valeur et entouré de soins. Peu m'importe encore la multitude des supermarchés, des fleuristes et des marchands des quatre-saisons qui, vers la fin de l'hiver et au début du printemps, vendent des jonquilles en bouquets ; dans mon bureau ou mon intérieur, la vue d'une brassée de ces fleurs fraîchement coupées me procure un plaisir chaque fois renouvelé.

Remplacer régulièrement des fleurs coupées un peu languissantes est un rite auquel je me suis habitué, et chaque nouveau déploiement de fleurs fraîches — je me refuse à user ici de l'expression « arrangement floral », car jamais je ne cherche à obtenir un effet de composition ordonnée tel qu'on l'entend d'ordinaire — ragaillardit mon humeur et métamorphose mon cadre de vie.

Disposer quelque part un généreux vase de fleurs ou une plante de belle taille, c'est créer un point de mire et, bien souvent, amorcer une réaction en chaîne : on change ensuite une nappe pour harmoniser les coloris, on déplace un siège ou une lampe, on réduit, augmente ou réoriente l'éclairage, ou encore on introduit dans la pièce une autre plante, d'autres fleurs, pour rehausser l'éclat de la décoration. En nous amenant ainsi à regarder ce qui nous est autour de nous d'un œil neuf et à exercer notre esprit critique, fleurs et plantes d'appartement ajoutent encore à leurs qualités propres.

Bien que j'aime particulièrement à m'entourer de fleurs — cultivées ou sauvages — que je cueille dans mon jardin, je ne prétends nullement au titre d'horticulteur chevronné, et c'est pour moi une aubaine que le soin de mes plantes soit confié à d'autres. Je ne suis d'ailleurs pas seul à éprouver cette ignorance, puisqu'on ne compte plus ceux qui, comme moi, possèdent des plantes sans pour autant prendre un plaisir particulier à leur prodiguer des soins de tous les instants. Il est grand temps que les profanes en matière d'horticulture sortent de leur réserve et proclament que l'intérêt qu'ils portent aux végétaux est d'ordre purement visuel.

Comment accroître au maximum le plaisir des yeux avec un minimum de contraintes, telle est l'ambition de ce livre qui, je l'espère, aidera le lecteur à faire preuve d'imagination en lui proposant une approche neuve, originale et sereine pour aimer plantes et fleurs d'appartement et savoir en faire usage.

TERENCE CONRAN

# INTRODUCTION

CI-DESSUS : *quelques bottes touffues de perce-neige au milieu de feuilles de lierre, un vase d'ail ornemental, un autre de freesias et de lilas forcés composent un élément de décor insolite et sans prétention. Quels que soient leur prix et leur profusion, les fleurs doivent tout d'abord rendre la maison accueillante, et ensuite exprimer hautement les goûts et la personnalité de ses occupants.*

A DROITE : *dans ce vestibule, un harmonieux mélange d'orchidées coupées et d'orchidées en pots annonce d'emblée la somptuosité des lieux. Sans la présence des deux faux perroquets qui apportent au décor une touche de désinvolture et d'humour, ces fleurs aristocratiques seraient volontiers intimidantes.*

Éléments interchangeables de la décoration d'intérieur, plantes et fleurs d'appartement nous donnent le pouvoir de devancer les saisons, d'en épouser le rythme ou au contraire de n'en tenir aucun compte. Grâce à elles, nous sommes en mesure d'ajouter de la couleur à une teinte monotone, de soutenir une palette de tons ou de provoquer des effets de contraste inattendus. Elles nous offrent le moyen de créer des points qui attirent le regard là où il n'en existait aucun, de camoufler ou de souligner tel ou tel élément du décor indésirable, ou au contraire digne d'être mis en valeur. Elles nous permettent encore de combler un vide ou, à plus vaste échelle, de séparer un espace d'un autre, voire d'en créer un nouveau. Une plante ou un bouquet de dimensions modestes suffit bien souvent à mettre une touche finale sur un bureau ou un plan de travail, ou encore à égayer une étagère dans la salle de bains.

Si certaines plantes représentent un réel investissement, beaucoup sont assez peu coûteuses pour qu'on les remplace fréquemment. Quant aux fleurs fraîches, qui bien entendu se fanent au bout de quelques semaines, de quelques jours parfois, il n'est jamais besoin de se justifier pour les remplacer.

D'un prix relativement modique si l'on songe à ce que coûtent les divers objets de la décoration d'intérieur — meubles, tapis, tentures, tableaux et autres plaisirs de l'existence quotidienne : le théâtre, le restaurant, ou même une bonne bouteille de vin millésimé —, plantes et fleurs d'appartement se prêtent à des choix et des modes d'utilisation qui devraient bien davantage laisser libre cours à l'expression délibérée de nos goûts, de notre imagination et de notre sens de l'humour. La plupart des gens font en effet preuve de recherche dans leurs habitudes alimentaires et vestimentaires, et il est souvent regrettable qu'ils ne fassent pas usage de plantes et de fleurs pour exprimer leurs goûts, leurs fantaisies, leur expérience et leur personnalité.

Un intérieur dépourvu de plantes et de fleurs nous donne l'impression de quelque chose d'inachevé. Nous les achetons d'abord pour leur beauté propre, mais aussi parce qu'elles rendent une réception plus conviviale et nous procurent un moyen parfaitement inoffensif de nous faire plaisir quand il nous arrive d'en ressentir le besoin. D'aucuns, certes, se passionnent pour tout ce qui touche à l'horticulture proprement dite, mais gageons que la plupart d'entre nous seraient ravis si leurs plantes et leurs fleurs s'entretenaient toutes seules.

Un vase de jonquilles, de jacinthes ou de tulipes de serre en hiver ou au printemps, une gerbe de pois de senteur en été, ou d'asters en automne, procureront un plaisir rare au citadin qui, bien souvent, ne dispose ni d'un jardin ni d'une échappée de verdure. Une jardinière sur un balcon, un bac sur un appui de fenêtre atténuent la rudesse d'un paysage urbain. Plantes et fleurs adoucissent de la même façon la froideur d'un appartement moderne, car si de toute évidence l'ameublement, les tapis et les tentures réchauffent l'atmosphère domestique, la chaleur apportée au cadre de vie par les végétaux est d'une qualité toute particulière.

## LES PLANTES DANS L'ARCHITECTURE D'INTERIEUR

La fragmentation d'un édifice en logements individuels crée souvent des angles bizarres, des recoins biscornus : les paliers, par exemple, sont trop exigus pour être compris dans la surface habitable, mais trop vastes cependant pour rester sans emploi. Garnis de plantes et de fleurs, ces espaces perdus se reconvertissent aisément en points de focalisation. Un clivia bien fourni débordant sur un mur en retrait peut ainsi devenir l'équivalent moderne d'un buste baroque dans une niche.

Dans une pièce d'habitation à vocation multiple, servez-vous de grandes plantes comme éléments de construction pour séparer une aire d'activité d'une autre : le coin-repas du coin-séjour, par exemple. Judicieusement placée, une plante de haute taille peut également jouer le rôle d'une borne ingénieuse qui empêchera les gens de se cogner la tête contre une saillie d'escalier un peu basse. Dans un espace suffisamment vaste, des arbres d'intérieur, des plantes grimpantes ou retombantes d'un certain volume permettent de créer une pièce à l'intérieur d'une autre. Un fauteuil confortable entouré d'une haie circulaire de ficus devient un merveilleux refuge.

*Trois bouquets de fleurs d'hortensia séchées attirent l'œil sur le solivage du plafond et rappellent discrètement la présence sur la table de fleurs identiques fraîchement coupées. A l'arrière-plan, des arums trouvent tout autant leur place dans cette cuisine rustique que dans le grand salon représenté à la page 13.*

Les végétaux sont également tout désignés pour modifier la notion d'espace. Plantes d'intérieur et d'extérieur peuvent ainsi se conjuguer de la manière la plus éclatante quand une pièce ouvre sur un patio ou un balcon fleuri, ou quand une jardinière posée sur le sol devant une fenêtre devient un massif qui transforme celle-ci en une jungle de plantes et de fleurs. Plus modestement, regrouper des fleurs sur un appui de fenêtre donne à la verdure du dehors droit de cité dans la maison, ou encore crée l'illusion d'un verdoyant paysage extérieur. Le trompe-l'œil a pour effet de modifier la perception de l'espace, et des fleurs peuvent parfaitement faire oublier qu'une pièce est mal proportionnée, camoufler un mur mal plâtré ou un objet d'ameublement terne. Plantes et fleurs permettent enfin de se ménager des recoins d'intimité, de se dispenser en partie de rideaux et de volets, et aussi de s'isoler des autres membres de la maisonnée.

## L'HARMONISATION DES COULEURS

Bien que les couleurs des plantes et de leurs fleurs se répartissent sur toute l'étendue du spectre, le vert domine. C'est la couleur associée à la nature, et c'est à cela qu'elle doit ses propriétés délasssantes (encore que ces propriétés reposent aussi sur un phénomène scientifiquement établi : c'est la rétine qui intercepte presque directement les faisceaux de lumière verte, de sorte que l'œil n'a pas besoin d'accommoder).

Dans le feuillage vivant, la gamme des verts est très étendue. Le vert d'une jeune feuille est différent de celui d'une feuille vieillissante. Un vert éclairé en contre-jour se distingue nettement du même vert éclairé en lumière directe. Une lumière de tonalité chaude ou impersonnelle influence elle aussi la perception d'un vert déterminé, tout comme le fait la texture du feuillage. Lorsqu'elles reflètent la lumière, les feuilles vert foncé et lustrées de *Monstera deliciosa* blanchissent, alors que le feuillage vert sombre et velouté *Anthurium crystallinum* ne reflète pas les rayons lumineux et conserve toute la richesse de ses tons soutenus. Un vert sur fond blanc paraît plus foncé que le même vert sur un fond sombre. La rareté d'une plante influence notre perception de sa couleur. Nous tenons pour acquis que toutes les feuilles sont vertes, mais nous sommes enclins à juger particulièrement belles les rares fleurs de cette même couleur, celles du zinnia vert tilleul ou de *Nicotiana alata*, par exemple.

Bien qu'elles soient plus fragiles et généralement plus chères que leurs homologues d'un vert uniforme, les plantes à feuillage multicolore ne manquent pas d'amateurs. Certaines les variétés panachées du chlorophytum, de *Ficus radicans*, de l'ananas — sont décoratives. D'autres encore — le croton, *Begonia rex culturum*, le coleus — ne sont pas le moins du monde apaisantes pour l'œil. Elles associent souvent des coloris incongrus, sans aucun rapport les uns avec les autres, ni avec la morphologie du feuillage. Parfois, comme dans le cas de l'abutilon à feuilles jaune et vert, le panachage est en fait d'origine virale. Alors que ce qui provoque la polychromie ne devrait pas influencer la perception, il reste que les feuillages panachés donnent souvent l'impression que la plante n'est pas en bonne santé. On devrait donc ne faire usage de ces variétés qu'avec parcimonie en évitant de les juxtaposer, étant donné qu'elles attirent inévitablement le regard.

Les plantes dont le feuillage est d'une couleur autre que le vert requièrent aussi une attention particulière. Exotique et mystérieux, le feuillage blanc du caladium a un pouvoir de fascination comparable à celui des fleurs d'un vert pur. Une plante à feuillage blanc serait du meilleur effet dans une pièce totalement blanche, ou pourrait tout aussi avantageusement éclairer un coin sombre dans une pièce haute en couleur. Au milieu d'un amas d'autres plantes, elle semblerait en revanche déplacée, égarée. Car si en matière de décoration rares sont les règles qu'on ne puisse transgresser avec bonheur, disons que, d'une façon générale, il est impératif d'isoler une plante à feuillage de couleur si on souhaite lui donner de l'éclat. D'où la difficulté d'en faire usage.

La polychromie des fleurs autorise davantage de liberté. Encore faut-il que leurs coloris s'accordent à la palette de nuances d'une pièce, sans être dictés par elle. Une harmonisation fidèle demeure à cet égard peu probable et nécessaire, étant donné que les fleurs de même pousse sont rarement d'une couleur strictement identique, et que toutes ont tendance à s'affadir en vieillissant. Une pièce blanche ou crème s'accommode de n'importe quelle couleur, alors que les autres teintes commandent un choix entre différentes attitudes. Ou bien on recherchera l'effet de contraste : des tulipes rouge vif dans un boudoir chinois jaune ; des jonquilles d'un jaune éclatant dans un salon rouge capucine. Ou bien au contraire on recherchera l'effet de camaïeu : des scabieuses dans une pièce bleu pâle ; des roses d'un ton voisin de celui d'une chambre rose. On peut de la même façon mettre en vedette une ou plusieurs couleurs d'une pièce polychrome ou à l'opposé, choisir une couleur qui contraste résolument avec les précédentes.

Du fait que le blanc réfléchit toutes les lumières, les fleurs blanches sont en quelque sorte des garde-fous, en ce sens qu'elles attirent instantanément l'œil quand on les dispose dans une pièce riche en couleurs. Mais dans un contexte blanc, même les plus blanches perdent de leur pureté. Les tulipes blanches sont parfois diaprées de vert, les delphiniums blancs piquetés de mouchetures noires, et le cœur des marguerites est fréquemment jaune vif. L'épaisseur des pétales influence elle aussi la blancheur : la fleur charnue d'un stephanotis est d'un beau blanc opaque ; celle d'un délicat *Iris germanica* d'une pâleur opaline.

Avec les fleurs multicolores, c'est la bouteille à l'encre. Diverses espèces — le pois de senteur, l'anémone de Caen — présentent des registres de couleurs naturellement harmonieuses, alors que chez d'autres la juxtaposition des coloris est désastreuse. Les bouquets d'œillets blancs, roses et rouges du commerce composent des triades quelque peu agressives, et les multiples teintes d'une gerbe de dahlias issus de plusieurs variétés frisent bien souvent la provocation. Les roses devraient en principe donner des mélanges harmonieux, mais tel n'est pas toujours le cas. Quant aux bouquets composés des fleuristes, ils associent parfois pêle-mêle des bleu-rouge profonds au rose saumon et au jaune pâle. Mieux vaut donc sortir des sentiers battus et composer soi-même ses bouquets : le résultat n'en sera que plus origi-

*Une combinaison de feuilles et de fleurs recherchée : les arums, les spathes et feuilles vert velouté de l'anthurium et le feuillage filiforme de* Cyperus papyrus *se conjuguent pour satisfaire pleinement aux exigences rigoureuses de cette pièce à la fois classique et modern style.*

nal. Si l'on craint de prendre des risques, on optera pour un mariage de raison en juxtaposant deux nuances d'une même teinte : bleu pâle des agapanthes et bleu foncé des centaurées, ou bleuets. Avec des couleurs complémentaires, l'effet n'en sera que plus saisissant : gentianes bleues et œillets d'Inde orange, iris pourpres et renoncules jaune vif. Bien entendu, il n'est nullement indispensable de ne favoriser que les mariages conformes aux bons usages. Avec un peu de désinvolture, pour autant qu'elle soit réfléchie, on obtient parfois aussi un résultat flatteur : nérines rose fuchsia et montbretias orange vif font excellent ménage ; giroflées jaune sauterne et tulipes rouge écarlate aussi. Le risque est ici le même qu'avec les feuillages panachés : trop de diversité, et c'est le fouillis. L'œil ne s'y retrouve plus. L'évanouissement de l'effet de contraste est encore plus prononcé si chaque couleur est également représentée et distribuée. Mais il arrive malgré tout que le résultat final soit une réussite — un peu comme un champ de fleurs sauvages — quand, par exemple, il procure à l'œil un apaisant arrière-plan de verdure.

## L'ENCOMBREMENT

Toutes choses égales par ailleurs, plus les plantes d'appartement occupent de place et plus elles sont spectaculaires. Un bel oranger solitaire ou un très grand vase de verre garni d'énormes branches de cognassier en fleurs devient une véritable œuvre sculptée. Notons cependant que si, dans une composition florale, ce sont la hauteur et la masse qui impressionnent, il n'en va pas de même avec les fleurs proprement dites : chrysanthèmes géants et dahlias de la grosseur d'un chou perdent toute leur grâce naturelle. Hésiter devant le coût d'une plante de belle taille n'aboutit bien souvent qu'à faire des économies de bouts de chandelles. La différence de prix entre une plante de petite taille et une autre de même espèce, mais deux fois plus volumineuse, se justifie la plupart du temps par quatre ou cinq années supplémentaires de croissance, et donc de soins comptabilisés par l'horticulteur. De sorte que si vous avez quelque raison de penser que cette plante ne poussera pas aussi vigoureusement chez vous que dans une serre, la solution de sagesse consiste presque toujours à l'acquérir quand elle est adulte.

Avec un même nombre de plantes ou de fleurs de petite taille, on obtient un résultat visuel plus ou moins heureux selon qu'on les regroupe ou les disperse. Ainsi, une douzaine de saintpaulias liés par leurs tiges et placés dans une corbeille d'osier de faible profondeur composent une tache de couleur éclatante, alors que la même douzaine dispersée un peu partout dans une pièce donnera inévitablement une impression de fatras. De la même façon, dix ou douze petites plantes d'espèces différentes regroupées en massif seront du meilleur effet (encore que les arrangements tout préparés soient d'ordinaire assez décevants), alors qu'une pièce dans laquelle on les a disséminées risque fort de ressembler à une boutique de fleuriste à demi dégarnie. Mais quelle que soit leur taille, il est toujours agréable de vivre dans la proximité immédiate des plantes et des fleurs. Convenons qu'il est plus plaisant de s'asseoir tout près d'un *Ficus benjamina* que de le regarder de loin. Il va d'ailleurs sans dire que plus une plante est petite, et plus on gagne à la voir de près : un minuscule pot de muscari, par exemple, trouve tout à fait sa place sur une table de chevet.

## LE PRESTIGE

Bien qu'on n'ait pas encore fait subir aux plantes et aux fleurs l'affront de les affubler d'une griffe attestant de leur origine, il n'en reste pas moins

*Respect de la proportion et de la symétrie : l'effet d'équilibre visuel qui résulte de la disposition classique et rigoureuse de cette salle à manger est encore accru par la présence de massifs de verdure au niveau du plancher, et dont l'élément principal est constitué par deux philodendrons.*

vrai que plusieurs d'entre elles signent d'emblée le prestige social et l'opulence. Rien de bien neuf en somme, puisque voilà déjà des siècles au Japon, le gracile rhapis n'était cultivé que par les riches et puissants personnages. Et si, de nos jours, la potée d'orchidée demeure symbole de richesse, sa fleur coupée, elle, a perdu beaucoup de son prestige depuis qu'elle est commercialisée à vaste échelle et à un prix abordable. Quant aux extravagantes compositions florales d'apparat, elles proclament haut et clair le message de l'argent, même si malheureusement la beauté de chaque fleur est parfois noyée dans la masse.

Il reste que le prix d'un végétal n'a strictement rien à voir avec sa beauté intrinsèque, et qu'on peut tout aussi bien dépenser une fortune pour une plante ou une gerbe laide, qu'une somme ridicule pour une véritable splendeur.

## LA MORPHOLOGIE

Les plantes se dotent d'une morphologie adaptée à leur environnement naturel. Les feuilles perforées de *Monstera deliciosa* diminuent sa résistance au vent lors des tornades tropicales ; la structure massive du cactus lui permet de se développer en constituant des réserves d'eau durant la saison des pluies ; la rosette en forme de vase de *Aechmea fasciata* et de *Asplenium Nidularis* recueille l'eau de pluie, les feuilles mortes et autres débris sylvestres dont ces plantes se nourrissent. De la forme, de la couleur et de la senteur d'une fleur dépend le pouvoir d'attraction exercé sur les insectes qui pollinisent les fleurs et assurent la survie de l'espèce. Aucune de ces propriétés n'est à vrai dire utile dans l'environnement artificiel de la maison. A la différence de ce qui nous pousse à aimer un meuble, un réfrigérateur ou un quelconque objet domestique — car, dans ce cas, critères esthétiques et fonctionnels sont inséparables —, notre goût plus ou moins prononcé pour la forme d'une plante ou d'une fleur particulière est éminemment subjectif. Pourtant, à partir du moment où nous attendons d'elle qu'elle joue un rôle bien précis dans la maison, il est indispensable que sa forme se prête à la fonction requise : une plante peu fournie à petites feuilles ne masquera pas une vue disgracieuse, et une gerbe de grands delphiniums disposée sur une table empêchera les convives de se voir.

La plupart des gens se montrent soucieux d'accorder la morphologie des plantes au style de l'ameublement, en disposant par exemple des cactées dans un décor des années trente, ou encore un aspidistra dans un salon victorien. L'effet est généralement garanti, mais encore faut-il se garder de tomber dans la préciosité ou l'excès de rigorisme, et par là même d'exclure d'autres solutions plus originales. Ainsi, une plante dépouillée à piquants soulignera parfaitement les lignes pures et sobre d'un salon ultramoderne, mais une délicate fougère à falbalas fera peut-être le même effet. Pareillement, des anthuriums conviendraient en apparence à un intérieur moderne, mais rien ne dit qu'un simple bouquet de fleurs sauvages n'introduirait pas un effet de contraste tout à fait bienvenu. Méfiez-vous des livres ou des principes rigides qui disciplinent la décoration florale comme les Chinois ordonnent un dîner protocolaire. En la matière, il n'est point de règle établie.

*Regrouper dans un même bouquet de nombreuses fleurs identiques garantit un spectacle réussi, à la condition cependant que toutes les fleurs soient de même couleur, ou à tout le moins de couleurs compatibles entre elles. Ici, les discrètes variations de nuances qui différencient les unes des autres ces fleurs de rudbeckia, loin de dérouter l'œil ou de le choquer, ne font au contraire qu'ajouter de la personnalité au bouquet.*

*Mise en scène et esthétique spatiale :* Dracaena marginata *dresse hardiment ses tiges tandis qu'un avocat de taille modeste, mais aux ramures bien distribuées, trône sur son piédestal à facettes réfléchissantes. Au premier plan, le plateau de la table, constitué d'un miroir, réfléchit bizarrement une tige solitaire de cyperus coupée et disposée dans une bouteille, ainsi que les feuilles sombres d'un clivia. Cette pièce est en soi un véritable décor naturel pour acteurs humains aussi bien que végétaux.*

# PAYSAGES D'INTÉRIEUR

*Une plante d'intérieur trouve théoriquement sa place sur n'importe quelle surface horizontale. Tout comme un cendrier. Mais à la différence du cendrier, il arrive que la plante proteste en se laissant dépérir. S'il est relativement simple de donner à une plante un environnement qui lui plaise, c'est assurément tout un art que de mettre simultanément en valeur ses qualités décoratives.*

De tous les éléments de la décoration d'intérieur, c'est sur les plantes et les fleurs que le temps et l'environnement immédiat exercent les ravages les plus visibles. Au fil des ans, imperceptiblement, le bois fonce et le papier peint se décolore, mais un mois, une semaine, voire quelques jours passés dans un cadre de vie inapproprié peuvent modifier de façon désastreuse l'aspect d'une plante ou de fleurs dans un vase. A cet égard, les somptueuses illustrations d'intérieurs sont souvent trompeuses, car le photographe peut fort bien avoir loué les spécimens représentés et les avoir disposés là où ils prennent le plus d'éclat, sans tenir compte de leurs exigences propres. Il donne ainsi l'illusion de la permanence à la splendeur de l'instant, alors qu'en fait les plantes retourneront chez le fleuriste après la séance de prises de vue. Ces photographies risquent donc de décourager le lecteur qui les regarde avec l'œil du profane, et c'est ainsi qu'il est tenté de se dire que les plantes des autres paraissent toujours en bien meilleure santé que les siennes.

Le botaniste considère les choses d'un point de vue inverse. Exposez, dit-il, les végétaux là où ils s'épanouissent le mieux, sans rechercher l'effet décoratif ni tenir compte des occupants de la pièce, et ne tentez jamais d'en faire pousser certains dans un environnement qui ne leur convient pas parfaitement.

La plupart des gens observent à l'égard des plantes et des fleurs d'intérieur une attitude comprise entre ces deux extrêmes. Rien ne vous interdit en effet de louer ou d'agencer différemment des plantes pour rehausser l'éclat d'un dîner. Et, sans aller jusqu'à condamner délibérément un gardénia à la mort instantanée en l'exposant au creux de l'hiver dans une véranda non chauffée, rien ne vous interdit d'abréger l'existence d'une plante (qui, théoriquement, pourrait vivre pendant des années dans un milieu adéquat) pour tirer plaisir de son éphémère beauté, si en telle circonstance cette plante constitue un ornement idéal. Ainsi, la vie d'un superbe anthurium rose sera relativement limitée si on le confine dans une entrée froide et sombre, mais la forme spectaculaire de ses fleurs et la touche de couleur qu'il ajoute justifient amplement la brièveté de son existence.

*Dans une pièce livrée aux plantes, le plaisir de s'asseoir au milieu d'une jungle intérieure compense largement la réduction de la surface habitable. Autant il est nécessaire de prodiguer aux plantes des soins de tous les instants, autant il devient indispensable de les tailler sans merci quand elles franchissent les frontières du territoire qui leur est alloué.*

*Dîner en plein air est assurément plein de charme ; mais dîner à l'intérieur à proximité d'un arbre peut l'être tout autant. En disposant comme ici cet arbre à droite de la fenêtre et en décalant légèrement les tulipes par rapport au milieu de la table, on brise la symétrie que la disposition du mobilier rend bien souvent inévitable dans la salle à manger.*

## PRECAUTIONS ELEMENTAIRES

Pour autant qu'on connaisse les périls qui guettent les plantes dans un intérieur, il devient relativement simple de faire la part judicieuse du pour et du contre quand il s'agit de disposer une espèce particulière dans un emplacement précis. Transposé sur le plan esthétique, cet exercice, nous le verrons plus loin, est infiniment plus subjectif, mais d'égale importance.

Dans n'importe laquelle des pièces de la maison, la chaleur dégagée par les appareils électriques — téléviseurs, machines à laver, séchoirs, dispositifs à air conditionné, réfrigérateurs et autres — menace de rendre la vie inconfortable aux espèces des climats tempérés, azalées, cyclamens et bulbes forcés, par exemple. Les plantes tropicales — la sansevière, ou encore le philodendron, l'ananas panaché et la maranta — peuvent au contraire tirer parti de la chaleur, à la condition que l'atmosphère soit suffisamment humide. Mais on doit toujours interposer une étagère ou quelque autre écran pour détourner d'elles le rayonnement thermique direct, spécialement celui des radiateurs, même quand elles aiment tout particulièrement la chaleur. Les émanations de gaz et la fumée des chaudières à charbon peuvent être mortelles (encore que le gaz naturel soit moins nocif que le gaz de houille). A cet égard, saintpaulia, bégonia, cerisier d'amour et *Helxine soleirolii* sont particulièrement vulnérables. Souvenons-nous que, d'une façon générale, la durée de vie des plantes de climats tempérés est inévitablement abrégée dans des pièces maintenues l'hiver à des températures élevées.

Mais si les plantes d'intérieur sont fragiles, elles peuvent aussi causer indirectement des dégâts. Les placer sur des téléviseurs, des appareils stéréo, des vieux meubles de prix, des meubles de bureau — objets que l'eau peut tous détériorer — n'aura guère d'importance si vous les arrosez méticuleusement. Mais si le régime de vos arrosages est volontiers fantaisiste, mieux vaut disposer vos plantes en conséquence. Une assiette ne vous apportera qu'une garantie bien illusoire, car sa contenance n'est pas infinie. Plus on place une plante en hauteur, plus il devient difficile de l'arroser soigneusement, et aussi d'évaluer à quel moment on doit arrêter l'arrosage pour ne pas provoquer de désastre. En outre, plus une plante sera haut placée, et plus il deviendra improbable qu'on la surveille régulièrement. Enfin, la hauteur ne représente pas le seul facteur de risque ; le poids d'une plante massive, par exemple, peut fort bien laisser une trace indélébile sur une épaisse moquette.

# LES EMPLACEMENTS

## LA SALLE A MANGER

Dans la salle à manger indépendante règnent d'ordinaire une température agréable et une atmosphère sèche, tout comme d'ailleurs dans le salon, généralement plus spacieux. Le coin-repas intégré au salon ou à la cuisine participe bien évidemment de la température et de l'humidité ambiantes.

Du fait que la table et les chaises occupent habituellement le centre de la salle à manger, la symétrie fait pour ainsi dire partie du décor. La présence de plantes peut encore accroître cet effet de symétrie (et de solennité) ; un palmier ou un arbuste tel que le dracaena, disposé dans chaque coin, ajoutera pour l'œil de la hauteur à une pièce écrasée par le plan horizontal de la table. Au contraire, des plantes disposées de façon asymétrique — un massif de fougères sur plusieurs niveaux et des plantes rampantes dans un seul coin par exemple — donneront à la pièce une touche de fantaisie. Quelle que soit la solution qui vous convienne, faites en sorte de ménager suffisamment d'espace autour de la table pour qu'on puisse s'y déplacer quand les chaises seront occupées, et pour avoir librement accès à la cuisine.

Rien n'empêche de doter le coin-repas d'une indépendance comparable à celle d'une salle à manger en recourant à des plantes qui joueront le rôle de cloison et d'écran de séparation. On utilisera pour cela une rangée d'espèces grimpant à hauteur de tête — *Cissus rhombifolia,* par exemple dans de gros pots de terre cuite et tuteurés sur des bambous individuels, ou un treillage de bois blanc pour compléter l'effet décoratif.

Nombre de gens considèrent que sur une table les fleurs sont aussi indispensables que l'argente-

rie. Encore faut-il que le bouquet soit suffisamment bas, ou au contraire suffisamment haut, pour que les convives puissent se voir et converser. On renoncera à ces arrangements floraux qui s'apparenteraient fâcheusement à ceux qu'il est d'usage de voir lors des services funèbres, et aussi aux chrysanthèmes, aux iris et aux sempiternels œillets. Essayez au contraire de garnir un panier d'osier rond et plat de cercles concentriques composés de l'helxine étroitement liés, en alternant feuilles jaune vif, vertes et argentées. Commencez par les dépoter, puis comblez tous les interstices avec de la tourbe ou du terreau humide. Ou bien garnissez tout simplement un moule à soufflé blanc de têtes d'hortensias, ou encore répartissez des perce-neige au feuillage gris-vert dans le plus grand nombre possible de coquetiers que vous disposerez en cercle si la table est circulaire, ou en rectangle si elle est rectangulaire.

Ne craignez pas de dégarnir temporairement votre jardin pour décorer le milieu de la table à l'occasion d'un dîner. Il est souvent beaucoup plus agréable d'observer en détail des feuillages et des fleurs de jardin au cours d'un repas paisible que de le faire au grand air et *in situ,* plus particulièrement encore quand il s'agit d'espèces à croissance lente ou de celles qui n'atteignent à leur plein épanouissement qu'aux saisons les moins clémentes.

Si on prend soin de les arroser et de les arracher en motte, il est tout simple d'exiler provisoirement les plantes de pleine terre dans un bac décoratif qu'on mettra en valeur le temps d'une soirée, puis de les restituer le lendemain à leur terroir. Au bout de quelques années d'existence, les jardins de rocaille offrent à cet égard de fastueux butins : touffes d'anmerias roses en fleurs, petits œillets des Alpes gracieux et odorants, campanules alpines blanches ou bleu pâle, gentianes d'un bleu profond constellées de poussière jaune d'or. Étant donné qu'il est indispensable d'arracher et de diviser tous les deux ou trois ans les touffes trop fournies, si l'on veut que les plantes conservent toute leur vigueur, sachez tirer parti de ces deux opérations pour décorer la maison. Vous pouvez encore vider de son contenu une jardinière de fenêtre et mettre les plantes en pots pour les faire apparaître sur la table de la salle à manger le temps d'une soirée. Géraniums rampants, immortelles et lobélias peuvent ainsi faire aussi bonne figure sur une nappe que sur un rebord de fenêtre.

D'autres plantes peuvent aussi migrer de façon définitive. Tel est le cas des rameaux de lierre, de vigne vierge, de chèvrefeuille, de cissus ou des capucine tubéreuse que l'on coupera directement sur la plante mère. Les tiges seront ensuite disposées dans une coupe et le feuillage retombera sur la table au gré de sa fantaisie. Si la surface à décorer est plus modeste, *Lysimachia nummularia* feront l'affaire, ou *Lamium maculatum* 'Beacon silver', ou encore des rameaux de *Cotoneaster horizontalis* en baie ou en fleur. Quelques brins de menthe panachée ou de mélisse ajouteront fragrance et couleur à un dîner en tête à tête. Une généreuse gerbe de l'une ou l'autre espèce suffit aisément à orner une table de huit convives.

Et si vous cherchez une idée originale pour décorer votre centre de table alors que vous n'avez ni jardin ni jardinières de fenêtre, c'est dans la serre du pépiniériste bien plus que chez le fleuriste que vous trouverez l'inspiration (voir p. 34-35).

*Deux inséparables : la table et le bouquet de fleurs coupées. Mais encore faut-il que le mariage ne sombre pas dans la morosité, et c'est là tout un art. Ici, tulipes, feuillages d'eucalyptus et narcisses 'Paperwhite' composent un trio plein de fraîcheur.*

## LA CUISINE

C'est dans cette pièce que s'observent les écarts thermiques les plus marqués, selon que le four ou la cuisinière fonctionne ou non. Quand on y ouvre les fenêtres pour diminuer la concentration de chaleur ou de vapeur accumulée, la température chute de façon spectaculaire. Dans une cuisine de vastes dimensions, il arrive que tel emplacement — autour d'une vénérable cuisinière à bois ou à mazout, par exemple — soit nettement plus chaud que tel autre. De plus, l'humidité qui, d'une façon générale, demeure élevée, varie proportionnellement à la quantité de vapeur dégagée par l'eau de cuisson ou de vaisselle brûlante. Enfin, d'un endroit à un autre, l'intensité de la lumière naturelle peut varier elle aussi et passer de l'ensoleillement intense à l'obscurité presque totale, si la cuisine est un réduit dépourvu d'ouverture.

La place disponible est ici précieuse, et on cherche d'ordinaire à ménager dans la cuisine le plus possible de plans horizontaux. Voilà une occasion idéale de s'entourer de plantes modestes et chaleureuses plutôt que de rechercher l'effet à grand spectacle. Une tache de verdure sera toujours la bienvenue, du fait qu'elle atténuera l'aspect un peu clinique du carrelage, du vinyle ou de l'inox, en même temps qu'elle fera ressortir la beauté naturelle des poteries, du liège, du bois et du marbre.

On fait souvent pousser dans la cuisine des herbes aromatiques, mais encore convient-il de les renouveler fréquemment. Les plus courantes — le romarin, la sauge, le thym, la marjolaine, l'estragon, le laurier — sont d'origine méditerranéenne. Outre un bon ensoleillement (qu'elles peuvent aisément trouver sur un rebord de fenêtre bien exposé), il leur faut beaucoup d'air, une atmosphère sèche et une période de repos hivernal à basse température (qu'elles ne trouveront pas dans une cuisine). Sans quoi tôt ou tard, vos herbes ne seront plus qu'une pitoyable réplique de leurs homologues de pleine terre. Si vous disposez d'un jardin ou d'un bac de fenêtre, retirez-en vos herbes pour les transplanter à tour de rôle dans la cuisine pour de brèves périodes, sans perdre de vue que les plants sur lesquels on prélève continuellement des feuilles donnent rarement de beaux spécimens.

L'appui de la fenêtre de cuisine se transforme souvent en service de réanimation, en hôpital ou en maison de convalescence pour les plantes en piteux état, ou encore en couveuse pour celles qui n'en sont qu'au premier stade de leur croissance, les boutures par exemple. Les ouvrages de décoration d'intérieur laissent généralement peu de place à des pratiques aussi terre à terre, mais qui

*Exposée au soleil et garnie d'étagères transversales, la fenêtre de la cuisine constitue un excellent habitat pour les plantes en pots. Faites-les pivoter sur elles-mêmes à intervalles réguliers, afin que l'exposition à la lumière soit la même partout, et modérez-vous quand vous prélevez des brins d'herbes aromatiques si vous voulez que vos plantes conservent un peu d'allure.*

A GAUCHE : *au milieu de ce fatras plutôt sympathique, des paniers d'osier contiennent des pensées et des tolmeia panachés. Il est rare que la cuisine se prête aux effets décoratifs spectaculaires ou aux exhibitions florales à grand déploiement. Comme c'est ici le cas, les plantes doivent bien souvent s'accommoder bon gré mal gré de la présence envahissante des appareils et ustensiles ménagers. Prenez soin de disposer vos plantes assez haut pour qu'elles n'entravent pas votre liberté de mouvements ou ne gênent pas l'ouverture des tiroirs et portes de placards.*

CI-DESSOUS : *ces fougères sagement alignées tirent parti de la lumière naturelle qui, d'un côté, les baigne, et de la vapeur d'eau que, de l'autre, dégage l'évier. Il n'est pas si simple de se discipliner pour ne pas faire de ces étagères des fourre-tout.*

n'en sont pas moins des composantes de la vie moderne. Surveillez régulièrement vos plantes : votre appui de fenêtre ne doit pas devenir une morgue.

On peut bien sûr tirer plus pleinement parti d'un entourage de fenêtre, soit en alignant sur son appui des plantes qui aiment la chaleur et l'humidité — ananas panaché, billbergia, streptocarpus —, soit en les disposant dans des paniers sur les côtés ou sur des étagères de verre transversales. On peut aussi les accrocher à une tringle de métal ou de bois. Suspendues à bonne hauteur, les plantes font d'ordinaire très bel effet. Veillez cependant à ne pas les placer en surplomb des tiroirs, des portes ou des étagères qui doivent demeurer accessibles à tout moment. Vous ne risquerez pas de mauvaises surprises en choisissant des espèces telles que le chlorophytum, pratiquement indestructible, l'asparagus, *Cissus rhombifolia* ou *scindapsus*. Quant au columnea à fleurs orangées, vous lui fournirez toute l'humidité qui lui est indispensable en le plaçant directement au-dessus de l'évier.

## LA CHAMBRE

Quand on est au lit, le spectacle de la verdure a quelque chose de paisible, voire d'un peu romantique. La chambre offre souvent un environnement idéal aux plantes d'appartement : on la maintient d'ordinaire à une température légèrement inférieure à celle qui règne dans le reste de la maison, et elle risque moins de se dessécher ou de recueillir les émanations de fumée. Une chambre fraîche et ensoleillée procure un asile hivernal confortable aux plantes des climats tempérés qui requièrent un environnement frais, mais protégé du gel : plumbagos, pelargoniums, héliotropes et fuchsias, par exemple. Mais du fait qu'on n'y passe guère de temps en dehors des heures de sommeil, les plantes qui y séjournent sont aussi les plus négligées ; il faut donc savoir s'imposer de les arroser régulièrement.

Plus que n'importe quelle autre pièce, la chambre reflète souvent — par ses fanfreluches, sa douceur, ou au contraire par son austérité, son caractère dominateur — le sexe de la personne qui l'occupe. Certaines plantes d'intérieur peuvent encore renforcer la féminité ou la masculinité de la pièce. Des cactus immenses dressés à la verticale ne laissent planer aucun doute sur leur contenu symbolique. Des plantes dont la morphologie évoque sans conteste la rigidité, comme les agaves, témoigneront d'un choix plus subtil, mais tout aussi masculin. Toutes les espèces à fleurs, odoriférantes ou exubérantes — fougère ou asparagus, gardénia, jasmin, stephanotis ou orchidée — évoquent la féminité et toutes apportent une touche supplémentaire agréable dans n'importe quelle chambre à coucher.

On peut également créer un jardin de senteur en disposant des plantes qui libèrent leur parfum la nuit venue — celles qui sont pollinisées à l'état sauvage par les insectes nocturnes, comme *Nicotiana alata grandiflora* ou les giroflées — dans une jardinière ou sur un appui de fenêtre. Si vous disposez d'un emplacement ensoleillé, couvert et spacieux, un grand pot de datura (odorant lui aussi durant la nuit) sera merveilleusement à sa place sous une fenêtre de chambre. Un bouquet de violettes ou un vase de fleurs coupées disposé dans une chambre d'amis est une marque traditionnelle d'hospitalité et aidera le visiteur à se sentir à l'aise sous un toit qui n'est pas le sien.

La question de savoir si les très jeunes enfants aiment qu'on fleurisse leur chambre reste ouverte, mais si les parents prennent plaisir à le faire (et si les plantes sont placées hors de portée de leur progéniture), pareille initiative se justifie amplement. Les enfants plus âgés ont fréquemment envie de faire eux aussi pousser des plantes, surtout celles qui se développent aisément à partir d'une graine ou encore celles dont la croissance est spectaculaire, comme l'avocatier qui sort de son noyau germé, ou chlorophytum qui forme une souche. Les plantes miniatures ou les collections de plantes miniatures fascinent souvent les tout petits : cactées et plantes grasses viennent en tête, suivies de près par le saintpaulia. Abstenez-vous de cultiver des plantes carnivores qu'il est à peu près impossible de maintenir en vie.

## L'ENTREE ET L'ESCALIER

Si certaines entrées sont ensoleillées, la plupart sont faiblement ou artificiellement éclairées et, d'une façon générale, soumises aux variations hydrométriques et thermiques. Il s'ensuit que les espèces pérennes n'y trouvent pas toujours leur place, au contraire des plantes saisonnières, des plantes séchées ou des plantes artificielles qui, elles, se prêtent à une multitude d'arrangements originaux.

Si l'on place une ou deux plantes minuscules dans l'entrée ou le vestibule — lieux de passage dans lesquels on ne s'attarde guère —, elles risquent fort de ne pas recueillir l'attention qu'elles méritent. Mieux vaut donc choisir des espèces relativement grandes, élancées, stables et robustes, qu'on déposera sur le sol à bonne distance des portes pour ne pas en gêner l'ouverture.

CI-DESSUS : *un regroupement de cactées naines rend plus vivant ce coin de travail.*

A GAUCHE : *cette petite forêt de fougères et ce ficus pleureur invitent à la détente et — qui sait — font rêver de quelque décor à la Douanier Rousseau. Deux pots de cactus ne font qu'ajouter une discrète touche d'humour à l'atmosphère de la chambre.*

*Dans un couloir, verticalité, stabilité et ampleur s'imposent. Ces deux* Dracaena fragrans *à hautes tiges sont ici parfaitement à leur place. En sentinelle de part et d'autre de l'entrée du couloir, ils conjuguent équilibre et symétrie. De plus, des soucoupes protègent le bois des marches, impeccablement entretenu, des débordements éventuels de l'eau d'arrosage.*

Le plafond de l'entrée est souvent élevé, et la hauteur sous plafond de l'espace réservé à l'escalier, généralement double de celle des pièces d'habitation, ménage aux arbres en pots un emplacement idéal. Une généreuse gerbe d'ombelles séchées d'angélique et de cerfeuil suspendue à l'envers à un haut plafond prend l'importance et donne l'effet de contraste d'un lustre sans en avoir la solennité. Sous le plafond d'un vestibule étroit, de gros bouquets sphériques de fleurs séchées brisent la monotonie de l'espace. (Si la pièce est éclairée par un plafonnier, songez au risque d'incendie et faites en sorte de pouvoir changer commodément les ampoules.)

Si vous avez la chance de posséder chez vous un monumental escalier tournant, et aussi des réserves de plantes suffisantes, déposez aux deux extrémités de chaque marche un pot de cyclamens, d'azalées ou de poinsettias que vous remplacerez au printemps par des jacinthes ou des jonquilles forcées, et en été par des lis.

Bien que l'idéal soit de fournir à beaucoup de plantes à fleurs de la fraîcheur et un bon éclairage, on peut très bien tirer parti de l'association fraîcheur-pénombre. C'est ainsi que, pour abriter toute une variété d'espèces fragiles, nos prédécesseurs du XIX^e^ siècle recouraient à un dispositif que l'on pourrait qualifier d'ancêtre de nos terrariums modernes, puisqu'il était constitué d'un milieu clos dans lequel on pouvait maintenir constante l'humidité, et donc empêcher le dessèchement des plantes.

Plusieurs fougères — le cyrtomium, l'asparagus, voire la scolopendre — s'accommodent fort bien d'un vestibule faiblement éclairé sans pour autant qu'on les abrite dans un terrarium, à la condition que de temps en temps on les expose pendant plusieurs semaines en pleine lumière pour qu'elles ne s'étiolent pas.

Au siècle dernier, on faisait communément grimper du lierre autour des balustres des escaliers. Les végétaux trouvent tout à fait leur place sur un palier, surtout s'il existe une source de lumière à proximité. Bien que l'on n'ait d'ordinaire guère de raison de s'asseoir en pareil endroit, une chaise unique et de facture harmonieuse complétera heureusement le décor. Amusez-vous à disposer une grande fougère sur une petite chaise en bois aux lignes courbes, ou encore plusieurs fougères sur deux chaises, si vous disposez de la place nécessaire. Pour peu qu'il soit suffisamment spacieux, un palier bien éclairé devient l'équivalent d'une véranda. Parfois aussi l'escalier et les couloirs des étages supérieurs reçoivent le jour par une lucarne. On peut alors profiter de cet éclairage en y exposant des plantes dans des paniers suspendus, ou encore en dessous, sur le plancher.

On se gardera de rechercher un effet décoratif ambitieux dans une entrée d'immeuble collectif, car cet endroit mobilise peu l'orgueil des occupants. En outre, les jolies plantes risqueraient à tout instant d'y être dérobées. Quant à celles apportées là par de généreux « donateurs », elles ont d'ordinaire fait leur temps.

## LA SALLE DE BAINS

Comme les êtres humains, la salle de bains est souvent victime d'idées toutes faites, et les images qui nous viennent à l'esprit quand nous l'évoquons sont celles d'un réduit carcéral chichement éclairé. Il est vrai que peu sont percées de vastes fenêtres, et que d'une façon générale on y recherche davantage l'intimité qu'un brillant effet d'éclairage. Si la pièce ne dispose d'aucune ouverture, cela ne conviendra pas aux végétaux pérennes. Mais de courts séjours ne sont pas exclus. A cet égard, les fleurs coupées dont la longévité est nécessairement brève sont tout indiquées. Souvent, la salle de bains est chauffée à la même température que la salle de séjour. Parfois aussi, on la maintient à une température plus basse, mais un bain chaud provoque toujours une élévation thermique accompagnée d'une forte concentration d'humidité. C'est la pièce la plus humide de la maison.

La plupart des plantes introduites dans une salle de bains ne tardent guère à migrer sur l'appui de la fenêtre. Végétaux et verres teintés s'accordent parfaitement, les premiers faisant un peu oublier la monotonie des autres. En revanche, une plante bien fournie placée devant une vitre transparente aura belle allure dans la journée, mais dépouillera la pièce de son intimité si, la nuit, l'éclairage est intense. Si vous tenez à concilier des

Cette véranda, qu'on prendrait volontiers pour un vestibule, s'ouvre sur une minijungle de lierre, d'aspidistra, de fougères et de palmiers du plus bel effet, et qui ne gêne en rien le passage.

**Un luminaire original**

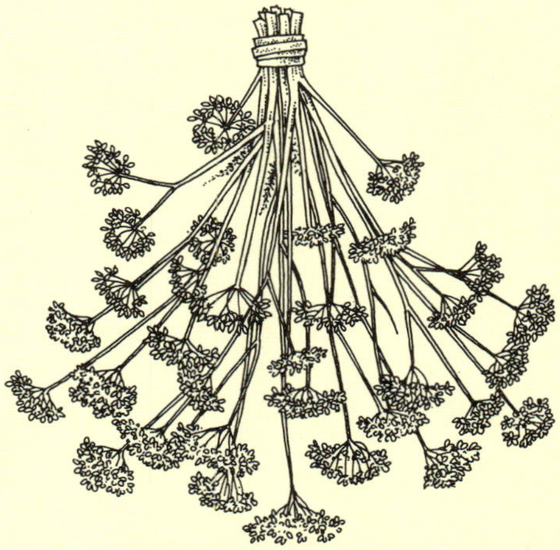

*Tiges et ombelles séchées de cerfeuil, d'angélique ou d'un autre représentant de la famille des ombellifères attirent toujours agréablement l'œil quand on les pend à l'envers à un plafond de vestibule d'une certaine hauteur. Qu'on préfère leur garder leur teinte naturelle beige argenté ou qu'on les teigne uniformément à la bombe d'une autre couleur, l'effet sculptural obtenu est celui d'un lustre ; mais d'un lustre à prix modique et dépouillé de toute solennité.*

rideaux ou des stores avec vos plantes, veillez à ce que celles-ci ne vous empêchent pas d'atteindre aisément les cordons.

D'ordinaire, une seule personne à la fois utilise la salle de bains. Aussi les problèmes de circulation s'en trouvent réduits, de sorte qu'une jungle digne du Douanier Rousseau est moins gênante ici qu'elle ne le serait dans l'entrée ou dans la cuisine. De plus, si les plans horizontaux sont occupés par des plantes, vous ne pourrez plus les encombrer de ces tubes, pots et flacons que bien souvent on néglige de replacer après usage dans l'armoire à pharmacie. Par ailleurs, le réservoir de la toilette fournit un excellent support aux plantes retombantes ou rampantes — chlorophytum, asparagus, divers cissus — s'il est haut placé, ou encore à des plantes de petite taille ou à pousse verticale — aspidistra, cyrtomium — s'il est situé derrière la cuvette. Mais à tout moment vous devez pouvoir en retirer vos plantes, car de temps en temps il est indispensable d'accéder au réservoir. Dans un cas comme dans l'autre, vous éviterez les espèces pourvues de piquants ou d'épines.

Si le plafond est élevé, on peut tirer parti de l'espace qui surplombe la baignoire en y suspendant des paniers, dans lesquels vos plantes bénéficieront de la vapeur du bain. Un excès d'arrosage ne risquera pas de détériorer quoi que ce soit. Conviendront parfaitement les philodendrons et le lierre rampant, certaines broméliacées telles que le tillandsia et le guzmania, ou certaines orchidées épiphytes comme le phalaenopsis.

Quand il existe au sol un emplacement qui demeure inoccupé, il s'agit le plus souvent d'un recoin biscornu qui pourrait avantageusement recueillir une plante verticale de haute taille, *Dracaena marginata,* par exemple, ou *Cyperus alternifolius,* ou encore un *Ficus benjamina.* Un palmier suggérera des images d'oasis. Diverses plantes d'intérieur qui, à l'état naturel, croissent au bord de l'eau — jonc, acore à feuilles charnues, arum, cyperus — y trouveront elles aussi parfaitement leur place.

La senteur naturelle de certaines fleurs peut également faire oublier celle des désinfectants et des désodorisants. Jacinthes ou narcisses ne vous procureront qu'un plaisir saisonnier, alors que des géraniums à fleurs odoriférantes pousseront toute l'année si vous leur fournissez un éclairage suffisant.

CI-DESSUS *: une utilisation originale de l'espace dans la salle de bains. Devant un panneau de glaces murales s'alignent les ficus pleureurs, un pin arancaria, un yucca, un fatsia et un viscum. L'impression qui se dégage de ce décor est davantage celle d'un espace clos que d'un refuge intime. Affaire de goût.*

A DROITE *: deux facteurs s'opposent d'ordinaire à ce que la salle de bains soit un asile pour vos plantes : l'insuffisance d'éclairage et le manque d'espace. Ici, une lucarne augmente la quantité de lumière provenant des fenêtres, et la fougère dispose de suffisamment de place pour déployer ses frondes au-dessus de la baignoire.*

## LA SALLE DE SEJOUR

C'est généralement la pièce dans laquelle on maintient une bonne température, une atmosphère sèche, et c'est aussi la plus agréable de par sa surface, ses proportions, son emplacement et son exposition. Salle de travail, de détente et de réception, elle est le principal lieu de rencontre et de réunion de la maison. Du fait que la salle de séjour est à la fois le cadre qu'on réserve aux grandes occasions et celui qui se prête le mieux aux activités quotidiennes, elle justifie amplement qu'on fasse quelques dépenses supplémentaires pour l'orner de plantes et de fleurs. Elle donne le tempo décoratif à toute la maison quitte à engager en

CI-DESSUS : *la cheminée constitue un point qui attire l'œil. Sur le manteau de celle-ci s'alignent sans complexe de modestes pots de lierre à feuillage uniforme. Les soucoupes, toutes identiques, loin de choquer, ajoutent encore à l'effet décoratif.*

A DROITE : *ce rideau composé de feuillage de fleurs de la Passion marque l'entrée de la véranda. Infiniment plus délicat et spectaculaire qu'une banale tenture, il aurait peu de chances de vivre vieux dans une demeure où les va-et-vient sont incessants.*

plus quelques extras selon les occasions festives et la saison. Étant donné qu'ici ce ne sont pas les considérations d'espace qui priment tout le reste, on peut créer un véritable enchevêtrement sylvestre de plantes de haute taille, exubérantes.

Un bel arbre d'appartement n'y fait jamais figure d'intrus, quelle que soit l'exiguïté de la pièce. Un sparmannia fera toujours bon effet auprès d'un canapé, de même qu'un palmier garnira avantageusement un angle devant lequel on aura disposé un siège. Et si le séjour est assez vaste, pourquoi ne pas s'offrir un numéro de duettistes ? Ainsi, deux ficus disposés de part et d'autre d'un sofa donneront à celui-ci la majesté d'un trône.

Par ailleurs, la salle de séjour se prête fort bien à la mise en valeur des petites plantes, puisqu'on y trouve suffisamment d'espace, et de loisir, pour en apprécier toute la beauté. Un ensemble fourni et luxuriant constitué d'une douzaine de *Ficus pumila* ou de *Pellaea rotondifolia*, par exemple, composerait à demeure un fond de décor prêt à recevoir dans sa verdure des hôtes de passage : trois, six ou douze amaryllis en hiver, ou un même nombre de marguerites en été.

## LA MAGIE DES PLANTES

Les idées de décoration végétale et florale que nous allons maintenant proposer ne conviennent pas nécessairement à toutes les pièces de la maison. En revanche, elles ne sont frappées d'aucun interdit dans la salle de séjour, où carte blanche vous est laissée. A vous de retenir celles qui s'accordent à vos goûts, ainsi qu'à l'espace et au budget dont vous disposez. Rien ne vous empêche par ailleurs de vous inspirer de ces idées pour créer un décor totalement original.

## TAPIS ET RIDEAUX

On peut transformer un coin sans affectation particulière une cascade de verdure composée d'une plante massive trônant au milieu d'un groupe d'espèces rampantes de plus petite taille, ou encore étager les espèces sur un support à plusieurs niveaux un peu rétro pour donner de la hauteur à l'ensemble. A certaines plantes rampantes *Ficus pumila,* lierre, plectranthus, syngonium, misère (tradescantia et *Zebrina pendula)* — accordez la liberté de foisonner et de se répandre, quitte à les tailler si elles en prennent un peu trop à leur aise. Évitez autant que possible les espèces à grandes feuilles et à croissance rapide. Une étagère inférieure de bibliothèque, un appui de fenêtre peu élevé vous fourniront également un socle de bonne hauteur à partir duquel vous pourrez déployer vos plantes, si, par-devant, l'espace est suffisamment dégagé. La sélaginelle et la mousse créent véritablement l'illusion d'un tapis vert d'un beau moelleux. L'une et l'autre viennent mieux à l'ombre et requièrent une pulvérisation quotidienne. Empotez-les bien serrées dans de grandes terrines de poterie peu profondes ou dans des plats ronds.

Les plantes retombantes et grimpantes peuvent faire office de rideaux et vous procurer de l'intimité si elles poussent devant une fenêtre, ou bien servir de cloison, ou plus simplement de motifs ornementaux. Comme les étoffes, les feuillages peuvent être quasiment transparents, translucides ou totalement opaques. Avec ses feuilles minuscules en forme de cœur, le ceropegia devient l'équivalent d'un léger rideau de perles. Sa présence est discrète et ne bouche pratiquement pas la vue. Vaporeux et délicat, *Asparagus setaceus* remplace fort bien un rideau de dentelle. Le feuillage d'*Asparagus densiflorus* 'Sprengeri' est moins ténu, mais plus fourni, et celui d'*Asparagus densiflorus* 'Meyers' plus épais et plus dense. Les feuilles des hoyas et du stephanotis sont épaisses et opaques, mais largement espacées. Bien que l'une et l'autre plante paraissent fournies et touffues quand on les fait pousser, comme il est d'usage, autour-

d'un cerceau métallique, elles prennent un aspect plus aéré si on les palisse sur un treillage ou si on les fait grimper le long de fils tendus. Le lierre et diverses variétés de cissus assurent une couverture totale.

Les plantes de type vivipare ne sont pas toutes non plus également denses ou couvrantes. Les rejetons de *Saxifraga stolonifera,* par exemple, croissent sur de longs stolons qui ressemblent à des filaments d'une délicatesse et d'une finesse telles que les plantules semblent littéralement flotter dans l'espace, et leur extrême fragilité commande de ne placer le végétal que là où il ne sera pas bousculé, alors que *Tolmeia menziesii* ne produit pas de stolons et porte ses rejetons sur la face supérieure des feuilles déjà âgées. Bien que le poids de ces plantules finisse par faire ployer les feuilles, la plante se développe relativement peu et conserve un aspect de boule de verdure. Le chlorophytum, lui, est d'une extrême résistance et, avec ses rubans de feuilles jaune pâle épaissis par le foisonnement des jeunes pousses, il forme un long et dense rideau qui peut atteindre plus d'un mètre de hauteur. Juché sur une étagère au-dessus d'une porte d'entrée, il fait un effet extraordinaire.

## UN JARDIN DANS LA MAISON

Vous n'avez peut-être pas de jardin, mais rien ne vous empêche d'aller chercher l'inspiration chez le pépiniériste. Vous pourrez en effet y trouver à n'importe quel moment de l'année les plantes d'intérieur les plus diverses, rustiques ou fragiles, et les destiner à telle ou telle pièce, tout en sachant pertinemment qu'elles ne dureront pas

*Il est souvent moins pratique qu'on ne le croit de vivre dans une pièce de grande surface et d'un seul tenant. Un rideau de verdure cloisonne les différentes zones d'activité domestique.*

**Rideau de plantes**

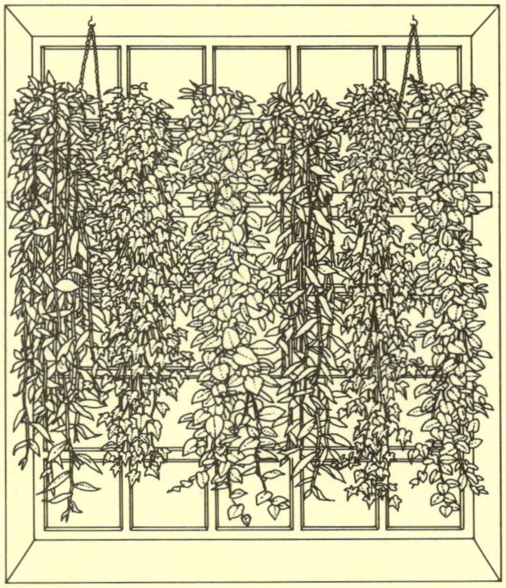

*Les Hollandais ont une coutume charmante qui consiste à orner de plantes, tout au long de l'année, des étagères sur leurs fenêtres. Un effet décoratif moins durable peut être obtenu en suspendant une seule étagère à des crochets fixés au linteau d'une fenêtre. Pendant les mois d'été, on créera ainsi un véritable rideau vivant de pots de plantes grimpantes et rampantes telles que les géraniums à feuilles de lierre, le columnea,* Cissus rhombifolia *et la cymbalaire. Le feuillage, comme un rideau en filet, protège discrètement la vie domestique de l'agitation du monde extérieur. Ne choisissez pas vos plantes au hasard, surtout si votre fenêtre est exposée au sud ou à l'ouest (au nord ou à l'est dans l'hémisphère sud), car le soleil sait être féroce. L'étagère à plantes peut être remplacée en hiver par un épais rideau, en tissu celui-là.*

nécessairement très longtemps, car leur longévité dépendra bien entendu de la fraîcheur, de la lumière et de l'aération qu'elles trouveront. Mais ces plantes ne vous donneraient-elles qu'une semaine de plaisir que vous n'auriez pas à le regretter. Méditer la leçon du passé n'est certes pas inutile quand on choisit des plantes, tant il est vrai qu'ici comme ailleurs la mode est capricieuse. Les vieux manuels traitant de la culture de serre nous apprennent que des dizaines d'espèces exclusivement cultivées en pleine terre de nos jours — l'érable, le laurier, le bambou, le lilas, le forsythia, le camélia, la spirée, le laburnum, voire le cerisier à fleurs — agrémentaient jadis les vérandas, logées dans des pots ou des jardinières, bien qu'alors les pièces fussent plus fraîches que celles de nos modernes appartements surchauffés. Cette coutume mériterait grandement d'être remise au goût du jour.

Comme les pépinières, les *garden centers* actifs (ceux qui multiplient les plantes et ne se bornent pas à les commercialiser), souvent vides l'été, abritent en hiver toute une variété d'arbres, de buissons et de plantes grimpantes dont certaines sont passablement robustes et d'autres d'une rusticité à toute épreuve — le lin de Nouvelle-Zélande, le yucca, le dracaena, le pittosporum, divers palmiers, les clématites persistantes et trachelospermum entre autres —, dont les feuilles seraient décolorées par la gelée blanche si on les laissait à l'extérieur à la mauvaise saison. Or, ces espèces très décoratives peuvent vivre de longs mois dans une pièce fraîche.

Le coût d'une décoration florale est bien évidemment fonction de son ampleur. Mais de nombreuses plantes de jardin ne sont pourtant pas plus onéreuses qu'un simple bouquet de fleurs et durent beaucoup plus longtemps. Quand on n'a pas de jardin, force est de considérer toute fleur comme un bien périssable, mais avoir la chance d'en posséder un donne le plaisir d'admirer dans un premier temps chez soi des plantes qu'on aura tout loisir de revoir ensuite à l'extérieur, à leur place définitive. En tout état de cause, n'oubliez pas d'arroser leur compost, de les débarrasser de leurs fleurs fanées et de vaporiser leur feuillage pendant les périodes de chaleur.

On trouve des plantes annuelles matures dès la fin du printemps. A moins de vouloir à tout prix les contempler déjà épanouies, mieux vaut les acheter quand leurs fleurs sont encore en boutons. Une seule caissette de pétunias contient plus de pieds qu'il n'en faut pour garnir avec éclat une pleine coupe. Servez-vous de tourbe en quantité adéquate si vous désirez étager vos fleurs. En bouquets monochromes ou multicolores, celles-ci embelliront tout aussi bien une table d'apparat que le plan de travail de la cuisine.

Vers le milieu de l'été, les plantes qui n'ont pas encore trouvé preneur commencent à se sentir à l'étroit dans leurs terrines et à se disputer la place disponible. Les jardiniers ont tout lieu de se méfier de ces pensionnaires affamées, assoiffées et déjà sur le déclin. Mais comme leur chant du cygne est bien souvent glorieux et qu'on les cède généralement à bas prix, achetez-en quelques lots. Leurs pots de plastique ne sont généralement pas agressifs, mais pas follement séduisants non plus. En outre, leur fond est percé d'un orifice de drainage ; ils ne sont donc pas étanches. Mais qu'à cela ne tienne : enveloppez-les d'une feuille d'aluminium pour les habiller et les rendre étanches tout à la fois. On vend parfois ces plantes dans des clayettes de bois. Si ces dernières ne sont pas trop sales et les plantes pas trop exubérantes, déposez-les à même un sol de liège ou de carrelage, ou bien sur une table qu'il sera facile d'éponger. Provisoire, certes, mais charmant. Il vous faudra cependant rempoter par la suite vos plantes dans des bacs rectangulaires (où vous pourrez bien sûr ménager différents étagements à l'aide de tourbe humide). Avec leurs couleurs un peu vives de bonbons de pochettes-surprises, des bégonias de différentes variétés, ou encore des agérates naines plantées très serrées vous sembleront bien plus à leur aise sur l'appui de fenêtre d'une pièce toute blanche que dans le jardin.

Attachés à leurs tuteurs de bois ou de fil de fer, l'ipomée, *Thunbergia alata* et parfois aussi *Silphium perfoliatum* sont vendus sous l'appellation « plantes d'extérieur ». Achetez-en trois ou quatre spécimens de la même espèce et disposez-les tels quels sur une table basse, ou bien débarrassez-les précautionneusement de leurs supports et placez-les sur une étagère élevée pour que leurs pousses fleuries puissent s'étendre et retomber.

Et si vous avez un jardin, dès que les gelées menacent, faites un tri de toutes les annuelles et bisannuelles qui vous semblent viables, déterrez-les, empotez-les et accueillez-les chez vous après une vaporisation antiparasitaire. Les annuelles peuvent vivre pendant des mois dans un endroit frais et ensoleillé. Quant à certaines espèces réputées annuelles — le tabac d'ornement, le muflier

—, ce sont en fait des vivaces que les jardiniers qualifient de « molles » et qui subsistent sans peine durant des années dans leur lieu de naissance. Et si vos annuelles ne tiennent pas plus d'une semaine dans une pièce surchauffée ou pauvrement éclairée, dites-vous qu'elles n'auraient pas davantage survécu à un gel et que, dans tous les cas, le temps leur était compté.

Pour la fin de l'été et l'automne, ceux qui n'ont pas de jardin peuvent aisément se procurer des agapanthes bleues, des nérines rose vif, des crocus mauves ou rose pâle, qui tous fleurissent à l'arrière-saison, bien que leurs oignons soient relativement coûteux et que ces fleurs fassent d'autant plus d'effet qu'elles s'épanouissent en plus grand nombre. Mais quand on sait qu'une seule plante suffit à égayer une pièce, c'est assez dire qu'avec une demi-douzaine le résultat est éblouissant.

Vous rapporterez toujours de menus trésors d'une visite chez le pépiniériste, et ce, même au cœur de l'hiver. Des roses de Noël, par exemple. Les fleuristes ne ménagent pas leurs efforts pour empêcher ces fleurs de se faner, et à cette fin trempent leurs tiges dans de l'eau chaude après les avoir percées de trous minuscules. Quand on ne les coupe pas pour les mettre dans un vase, on peut conserver pendant des semaines ces roses blanches dans leur écrin de feuilles patinées. On les vend d'ordinaire dans des godets ou des sacs de plastique noir assez disgracieux, de sorte que vous aurez tout avantage à leur substituer des pots en terre. Mais c'est dans une poterie émaillée généreusement garnie que les iris d'hiver — *Iris reticulata* bleu vif, *Iris danfordiae* jaune — prendront leur plus bel éclat. A la même saison, disposez de préférence vos touffes de perce-neige dans des pots de porcelaine blanche. Ce sont eux qui mettront le mieux en valeur le vert un peu diaphane de ces plantes.

Les arbustes rustiques sont d'une façon générale plus coûteux que les plantes florifères annuelles ou vivaces, ou que les bulbes, mais moins ruineux qu'une prestigieuse corbeille signée par un fleuriste de renom. Deux cotoneasters pleureurs portant leurs baies sont superbes dans un vestibule ou de part et d'autre d'une cheminée ; à moins que vous ne préfériez disposer dans un pot d'argile cuite un de ces magnolias qui fleurissent avant de former leurs feuilles. Il apportera dans la maison une bouffée de printemps. Certains magnolias de pousse plus lente — *Magnolia stellata* étoilé, par exemple — trouvent tout naturellement leur place sur une table, alors que pour un prix sensiblement équivalent on en trouve d'autres, comme *Magnolia loebneri*, qui produisent plusieurs tiges à la fois et prennent des dimensions de grands arbres. Tous ont besoin de lumière, aussi vaut-il mieux les placer à proximité d'une fenêtre. Souvent moins onéreux, à taille égale, que les arbustes d'ornement, les fruitiers peuvent eux aussi devenir de merveilleux éléments de décoration quand leurs fleurs épanouissent et que leurs fruits mûrissent. Dans une salle à manger spacieuse, la présence temporaire d'une couple de pommiers, de cerisiers ou de pruniers en pots ajoutera, le temps d'une floraison, à la surprise des convives.

Il est assurément plus sûr et plus tentant d'acheter des espèces vivaces en pleine floraison, mais en revanche on jouira plus longtemps de celles qui ne sont encore qu'en boutons. Avant de les acquérir, assurez-vous cependant de la présence de bourgeons à fleurs qui soient bien charnus, car forcer les plantes alors qu'elles sont à l'état de repos stimule davantage la pousse du feuillage que celle des fleurs. Si vous souhaitez que vos plantes fleurissent en temps voulu pour fêter tel ou tel événement particulier, faites-les au préalable séjourner pendant deux ou trois jours dans un endroit chaud, afin que leurs bourgeons s'épanouissent pleinement.

Décider des périodes durant lesquelles les plantes rustiques doivent jouer ou cesser de jouer leur rôle décoratif dans la maison dépend de plusieurs facteurs. Si vous comptez replanter les vôtres dans le jardin, l'idéal serait d'attendre pour cela que la différence de température entre l'extérieur et l'intérieur soit minime. C'est donc en hiver que le risque est le plus grand. Or, c'est précisément la saison durant laquelle il est le plus agréable d'avoir chez soi des plantes en fleurs. Pour atténuer le choc que leur infligerait un écart thermique trop accusé, faites-leur passer une nuit à température intermédiaire, sous un auvent abrité du gel, dans un garage ou dans une chambre à coucher très fraîche.

On ne se fait pas scrupule d'acheter le sapin de Noël tronçonné à la base, sans racines, et avant de se débarrasser de lui on profite de sa présence jusqu'à ce que ses aiguilles tombent. Après tout, puisqu'il est sensé mourir, pourquoi se battre la coulpe ou s'encombrer de considérations phytobiologiques ? Or, quand ils sont pourvus de leurs racines, les conifères vivants ont toutes les qualités requises pour faire à l'occasion d'excellentes plantes d'intérieur : ils vivent plus longtemps que les chrysanthèmes en pots, sont plus racés qu'eux, beaucoup moins communs et, quelle que soit la rapidité de leur pousse, ils ne menacent nullement de croître exagérément puisque, lorsqu'ils grandissent en intérieur, c'est la taille de leur bac qui, comme dans le cas des bonsaïs, décidera en définitive de la leur.

Car ce sont bien des allures de bonsaïs que prennent les petits conifères, tout en restant d'un prix beaucoup plus abordable et en exigeant incomparablement moins de soins. Un jeune pin peut prendre un petit air asiatique, et un authentique *Padocarpus macrophyllus*, avec ses minces feuilles planes et luisantes, fait songer bien davantage à une espèce tendre et exotique qu'à un résineux très rustique. A côté des conifères à feuillage vert, il en existe aussi dont le feuillage est jaune ou bleu. Or, paradoxalement, on commet souvent l'erreur de faire de ces derniers de mièvres ornements de jardin, alors qu'il suffirait de les soustraire à la nature et de les inviter dans la maison pour qu'ils affirment leur personnalité tout à leur avantage. Sur un parquet ciré, trois de ces conifères feront très bel effet si on les loge dans des pots de terre cuite dont le compost aura été recouvert de petits cailloux blancs bien serrés.

## HORS SAISON

De la fin du printemps au début de l'automne, il est tout simple de fleurir la maison, surtout quand on dispose d'un jardin. Les annuelles, les bisannuelles, les vivaces et aussi de nombreux arbres et arbustes à fleurs atteignent alors à leur plein épanouissement, et, par ailleurs, les fleurs coupées, très nombreuses, ne valent pas cher.

C'est de la mi-automne au milieu du printemps que le panorama devient plutôt morne, surtout quand on ne peut s'approvisionner au jardin. Il y a bien les chrysanthèmes, peu coûteux et flatteurs, mais on se rabat un peu sur eux comme sur des haricots surgelés, faute de mieux. *Solanum capsicastrum*, le cerisier de Jérusalem et le capsicum sont eux aussi de saison, mais force est de reconnaître que ces plantes, quand elles sont

A GAUCHE : *telle une sculpture surréaliste, ce récipient métallique peu profond contient une masse d'*Helxine soleirolii. *A moindres frais, une feuille de papier d'aluminium peut cacher d'innombrables pots à fleurs en plastique et autres caissettes en bois dans lesquels on vend parfois les annuelles.*

CI-DESSOUS : *une forêt, à échelle réduite, née chez le pépiniériste. La mousse permet de dissimuler le compost tout en restant dans la note sylvestre. Le panier rassemble en un tout agréable à l'œil les différentes plantes et les protège contre un choc éventuel.*

encore jeunes, ne sont guère séduisantes avec leurs feuilles ternes maladroitement dressées. Et si on les considère d'un œil impartial, les azalées naines sont plutôt disgracieuses elles aussi, car elles font songer à des faisceaux de brindilles fichées en terre et surchargées de fleurs disproportionnées à leur taille comme à celle de leur feuillage. Il en va tout autrement des azalées florifères de pleine terre qui, elles, sont admirablement proportionnées, mais elles ne valent pas non plus le même prix. Ces petites plantes saisonnières prennent davantage d'éclat quand on en regroupe plusieurs de même espèce. Aussi convient-il de les empoter toutes ensemble dans un grand bac et de recouvrir ensuite le compost de mousse ou, à défaut, de jolis petits cailloux, ou encore de gravier.

Cyclamens, séneçons et calcéolaires ont davantage de grâce et de prestance naturelles si on les dispose en solitaires, mais c'est tout de même en groupes de trois à cinq sujets qu'ils ont le plus de chances de faire impression.

Pendant les sombres et lugubres mois d'hiver, vous aurez toujours la ressource de trouver chez le pépiniériste des plantes moins banales (voir p. 34-35) ou encore des oignons à fleurs. Si l'habituel bac de plastique circulaire dans lequel germent ici et là trois ou quatre bulbes de tulipes, de jacinthes, de narcisses et de crocus ne vous enthousiasme pas, il existe bien d'autres solutions. Un assortiment de perce-neige, d'éranthis, de chionodoxa, de muscaris, de scillas ou d'iris nains témoignerait déjà d'une imagination plus vive. On vend parfois ces fleurs à raison de deux ou trois par pot, fleuries, alors qu'elles n'ont pas été forcées.

Les pépiniéristes commercialisent tout au long de l'année des bulbes prêts à fleurir, mais ces derniers valent un peu plus cher que les bulbes dormants. Placez donc dans un grand récipient une bonne quantité de ces oignons au moment où leurs fleurs commencent à s'ouvrir. Une cuve d'aquarium en verre peut contenir six ou même huit espèces différentes de tulipes épanouies. Comblez ensuite les vides laissés dans le compost à l'aide de gros galets.

Il est souvent préférable de garnir une jardinière de bulbes tous identiques plutôt que d'y mélanger plusieurs espèces ou encore des variétéss de couleurs différentes — des jacinthes, par exemple —, ne serait-ce que parce que toutes ne fleuriraient pas obligatoirement en même temps. Ce qui, au contraire, serait sans importance dans un grand massif intérieur, car alors on pourrait regrouper sous la mousse et le lichen d'un seul et même grand bac des crocus, des perce-neige et des iris miniatures en les répartissant par contingents irréguliers comme on le fait (ou devrait le faire) dans un jardin.

Exposez vos bulbes à fleurs là où on les remarquera le mieux. Des masses de jacinthes rempliront une entrée de leur parfum capiteux ou viendront encore égayer la console d'un vestibule pauvrement éclairé. A moins qu'on ne préfère y disposer des narcisses blancs et discrètement odorants, lesquels feraient d'ailleurs tout aussi bien l'affaire sur une étagère de la salle de bains. Mais un petit bouquet de vigoureux perce-neige passerait probablement inaperçu dans le remue-ménage d'une entrée « passante », alors que sur un bureau sa présence apaiserait l'esprit entre les épisodes de frappe ou d'étude. Un peu guindés, un peu martiaux, les muscaris ont toutes les qualités requises pour composer un centre de table. Enfin, on trouve dans le commerce de peu coûteux et ravissants vases de verre pour jacinthes. Alignez-en quelques-uns en un seul rang sur l'étagère supérieure d'une bibliothèque, ou au centre d'une table de salle à manger rectangulaire, ou encore disposez-les au milieu de la délicate verdure d'un amas permanent de fougères.

## LA VIE APRES LA MORT

Quiconque n'a pas de jardin doit s'attendre à voir les espèces rustiques dépérir prématurément dans un intérieur. Mais une fois mortes, celles-ci se prêtent encore à plus d'un effet décoratif pour peu qu'on ait un brin d'imagination. Les arbres artificiels qu'on vend dans le commerce sont bien souvent faits d'un « squelette » d'arbre mort sur lequel on a fixé des feuilles et des fleurs d'imitation. Rien ne vous empêche de faire la même chose. Un bouleau mort, par exemple, ne perdra rien de son attitude contrite et vous procurera une armature idéale dont vous pourrez vous servir pour créer votre arbre artificiel. Mais d'autres essences feront tout aussi bien l'affaire si elles sont de forme attrayante. A cet égard, on recommandera le coudrier tortueux (*Corylus avellana*

*Ces compagnons de la mauvaise saison que sont les azalées, les cactées, les poinsettias,* Sclanum capsicastrum *ou le cyclamen font beaucoup plus d'effet quand on les regroupe. Ce sont ici des cyclamens qui, vus de l'intérieur, réchauffent le jardin toujours un peu lugubre en hiver et qui, de l'extérieur, égaient la maison.*

A GAUCHE : *placez quelques bulbes fleurissant au printemps là où ils seront le mieux mis en valeur afin qu'ils puissent réjouir l'œil tout à loisir : de petits pots de muscaris et d'iris au centre d'une table attireront tous les regards.*

CI-DESSUS : *une jolie collection de vases à bulbes disparates : les racines s'y développent tout aussi bien que les feuilles et les fleurs charnues dont on ne saurait se lasser. Mieux vaut couper la tête des jacinthes quand elles se flétrissent et enserrer leurs tiges dans un vase à col étroit.*

*Certaines plantes prennent, après leur mort, une beauté nouvelle (l'équivalent en décoration florale de ce qui distingue les abricots et les figues à l'état frais de ces mêmes fruits quand ils sont secs. Ici, une énorme brassée de branches sèches et décolorées garnit une jarre de cuivre, tandis que sur le mur de gauche se détache en bas-relief un motif ornemental plus recherché, fait de rameaux sarmenteux.*

'Contorta') et le saule de Pékin (*Salix matsudana* 'Tortuosa') qui, l'un comme l'autre, ont des branches curieusement torturées faisant d'eux de véritables phénomènes de la nature, mais aussi de fantastiques sculptures toutes prêtes.

Si les arbres, vivants ou morts, se prêtent à mille fantaisies esthétiques, tel n'est pas le cas de ceux qui agonisent. Dès qu'un arbre manifeste les signes évidents du dépérissement, mieux vaut le soustraire à la vue jusqu'à ce qu'il soit bel et bien mort.

On peut également créer à l'aide de branches mortes des buissons ou des bosquets parfaitement hétéroclites. Plusieurs troncs d'aulne, de chêne ou de noisetier de belle venue, par exemple, pourraient trouver leur place définitive dans un bac rempli de ciment pour les stabiliser. Et si d'aucuns considèrent que déguiser sous une couche de peinture la couleur naturelle d'un arbre fait un peu m'as-tu vu ,ne repoussez pas catégoriquement pareille éventualité : un bouleau peint en blanc, en rouge ou en noir de Chine ne prétendra certes pas se faire passer pour naturel, mais sera autrement spectaculaire que ses congénères en pleine santé.

## PLANTES ARTIFICIELLES

Nul ne donnerait un diamant pour sa copie, ni non plus une toile pour sa reproduction. De la même façon, si dans l'absolu c'est l'authenticité qu'on prend pour critère, on voit mal qui pourrait bien accorder aux fleurs artificielles la préséance sur celles qui poussent dans la nature, puisqu'en dépit de contrefaçons de mieux en mieux réussies, rien ne surpasse en splendeur une plante vivante parfaitement épanouie. Quant à ceux dont l'intérêt pour les végétaux procède de considérations d'ordre purement botanique, ils manifestent pour leurs ersatz une répugnance qui, paradoxalement, est d'autant plus accusée qu'entre les uns et les autres la ressemblance est plus frappante. Mais il se trouve aussi que, pour diverses raisons, bien des gens ne sont pas en mesure de cultiver des plantes, ou encore jugent qu'il est beaucoup trop astreignant de renouveler régulièrement les fleurs coupées, et à ceux-là les fleurs artificielles offrent une solution de rechange providentielle.

Confectionnées en soie, en plume, en polyester, en plastique ou en un mélange de ces divers matériaux, les plantes et les fleurs artificielles, au contraire de ce qu'on observe avec les autres articles d'imitation, coûtent plus cher que leurs modèles de référence. Alors, pourquoi les acheter ? D'abord, parce qu'elles n'exigent que très peu de soins, si ce n'est, de temps à autre, un époussetage ou un coup de chiffon humide. Ensuite, parce qu'on peut se les procurer à n'importe quel moment de l'année. De plus, elles autorisent des mariages — roses d'été et poinsettias, par exemple — irréalisables avec de vraies fleurs de saison. Enfin, jamais elles ne se fanent ni ne perdent leurs feuilles ou leurs pétales, ce qui nous dispense de les remplacer pour égayer à répétition un décor sinistre. Qu'elles n'y soient pas tout à fait à leur place devient alors un peu secondaire. L'envers de la médaille, c'est qu'elles ressemblent un peu aux animaux en peluche : elles ne demandent rien, mais en retour demeurent inertes et ne prodiguent aucune chaleur.

La flore artificielle laisse le choix entre deux attitudes : ou bien on cautionne crânement et sans vergogne son caractère frauduleux, ou bien on s'efforce de « faire comme si ». Ce dernier parti pris est de loin le plus inconfortable, car les végétaux en plastique font irrémédiablement pacotille, même quand il s'agit d'imitations d'espèces hautes en couleur ou tropicales comme les crotons ou les oiseaux de paradis. Ici, c'est la contrefaçon et non pas l'original vivant qui triomphe. De plus, l'habitude du faux déprécie le vrai, engendre un certain dédain, et à force de voir de fausses orchidées orner le comptoir de la cafétéria du coin, les vraies en sont dévalorisées.

Plus on les regarde de loin, plus les fleurs artificielles font illusion, car de près les points d'assemblage de leurs différents éléments deviennent parfaitement apparents. Alors que chez les plantes vivantes l'épaississement des organes s'opère de façon progressive, les fleurs artificielles exhibent souvent des augmentations de volume incongrues et grossières, ou encore n'en montrent aucune là où il devrait y en avoir.

Qualitativement parlant, les végétaux artificiels ne sauraient un seul instant rivaliser avec les vrais, car quelle que soit l'habileté du fabricant, jamais encore on n'a surpassé la nature.

Mais, dans un environnement domestique, les fausses plantes ont indéniablement leur raison

**Un bouleau éternel**

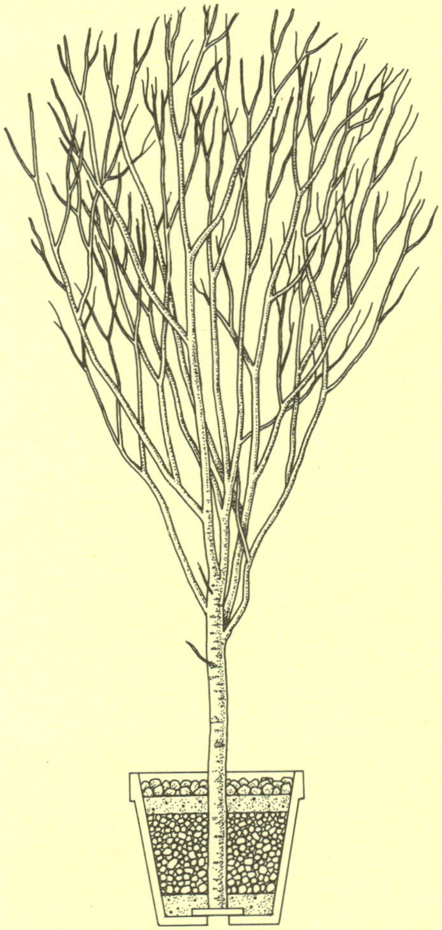

*Coupez le tronc juste au-dessus des racines. Bouchez le trou de drainage, puis versez une couche de 4 cm de béton maigre autour du tronc bien centré. Remplissez ensuite de gros cailloux jusqu'à 5 cm du bord supérieur. Maintenez l'arbre en position parfaitement verticale et coulez à la surface des cailloux une couche de 4 cm de béton gras. Disposez un lit de galets sur le dessus.*

d'être là où rien ne pousserait : une cuisine ou une salle de bains dépourvue de fenêtre, par exemple, ou encore un vestibule exposé aux courants d'air et chichement éclairé. L'initiative ne va pas cependant sans risques, car, avec leurs coloris sans nuances, il s'en faut d'un rien pour que les végétaux d'imitation ne dépossèdent une pièce de ce qu'elle a d'intime et de douillet pour en faire un local dépersonnalisé, commercial, en tout point comparable à une réception d'hôtel ou à une salle de restaurant.

Plus une plante artificielle est massive, plus elle fera de l'effet. Il est donc préférable d'en acquérir une seule, mais de bonne taille, plutôt que plusieurs petites. Le ficus pleureur, le schefflera, différentes espèces de palmiers et de mimosas font aujourd'hui l'objet d'imitations acceptables du fait de leur feuillage reproduit par photogravure, qui donne aux veinures, aux nervures et à la face inférieure du limbe un rendu assez fidèle.

Etant donné que, par nature, les plantes artificielles sont articles de fantaisie, mieux vaut résolument exploiter leur côté farfelu. Un faux bananier portant des fruits mûrs, par exemple, réussira peut-être à faire illusion dans un jardin d'hiver bien ensoleillé, alors que dans un salon sombre ou une salle de bains aveugle l'incongruité de sa présence deviendra franchement cocasse. Et si la brève floraison d'une glycine de jardin procure un plaisir incomparable, un succédané de glycine en fleurs apportera, sans qu'il en coûte un effort et tout au long de l'année, de la grâce dans une chambre à coucher.

Indestructible et perpétuellement vert, un bouleau, un saule pleureur ou un bambou artificiels agrémentera de sa présence le vestibule le plus obscur, le plus torride ou le plus exposé aux courants d'air. Etant donné que, d'ordinaire, c'est sur la souche d'arbre mort ou le tronc de bambou qui leur sert d'ossature que sont fixées les feuilles de ces végétaux d'imitation, on risque de se méprendre sur leur véritable nature quand on les regarde à quelque distance. Disposer de faux lauriers, communs, ou d'Apollon, de part et d'autre d'une croisée ou d'une porte-fenêtre à l'extérieur de laquelle poussent d'authentiques lauriers de même espèce, peut créer la même illusion. Mais, malheureusement, tous les arbres et arbustes artificiels ne sont pas « construits » avec le même soin, et si on veut qu'ils aient un peu de prestance, mieux vaut choisir des spécimens bien équilibrés et pourvus d'un feuillage uniformément réparti.

Les plantes artificielles de petite taille peuvent être à l'origine des mêmes réussites et des mêmes catastrophes esthétiques que leurs homologues vivantes. Bien qu'aucun impératif proprement botanique ne vienne dicter leur mode de regroupement, disons cependant que plusieurs spécimens identiques font plus d'effet et n'affichent pas ces contrastes criards qui font automatiquement songer aux massifs des halls d'aérogare.

On peut aussi recourir à de fausses plantes grimpantes ou rampantes — lierre, misère, pépéromia ou chlorophytum — pour habiller de verdure un mur et même un plafond, ou bien garnir plus modestement des paniers suspendus. Mais là encore, mieux vaut regrouper des spécimens identiques en nombre suffisant plutôt que d'en mélanger qui soient d'aspects différents, au risque de n'aboutir qu'à créer un effet de fatras hétéroclite ; à moins qu'on ne préfère tout bonnement renoncer aux bacs, pots et objets de vannerie pour faire courir les vrilles autour du cadre d'un miroir ou le long de la suspension d'un plafonnier.

La nature nous ménage les panachages de couleurs les plus harmonieux et aussi les plus tapageurs. Ceux des feuilles artificielles sont habituellement très contrastés, et leur juxtaposition peut se révéler totalement désastreuse. Tenez-vous-en donc au vert uniforme, aux tons sur tons discrets, ou au mélange de deux couleurs et pas davantage.

Enfin, rappelez-vous que les fausses plantes rendent les pots de plastique encore plus affreux que les vraies.

## MISE EN SCENE DES PLANTES

En matière de décoration d'intérieur, il est classique d'utiliser des miroirs qui, en réfléchissant les plantes et les fleurs, doublent visuellement leur masse et donnent l'impression que les dimensions d'une pièce sont elles aussi multipliées par deux. Dans un vestibule étroit, une salle de bains minuscule, ou encore sur une cheminée, la présence simultanée de fleurs et de miroirs semble pour ainsi dire aller de soi. Les étagères disposées devant un fond réfléchissant servent traditionnellement de présentoirs aux collections. Vos plantes y seront parfaitement à leur place elles aussi. Quant aux miroirs disposés à l'horizontale, ils risquent de proposer à l'œil une image dédoublée un peu trouble et qui n'en paraîtra que deux fois plus sale si la surface réfléchissante n'est pas méticuleusement propre. De plus, ils réfléchiront aussi l'image des soucoupes placées sous les pots, laquelle risque de prendre plus d'importance que celle de la plante elle-même. Rien de semblable avec les étagères en verre, qui laissent passer la lumière d'un niveau à l'autre et donnent l'impression que les plantes flottent dans l'espace.

Fils de fer tordus, cannes de bambou, tuteurs garnis de mousse, tiges d'osier et autres supports rigides peuvent eux aussi mettre les plantes en valeur. Mais pour que des structures métalliques courbes soient esthétiques, il faut les employer selon une symétrie absolue. Au lieu de vous contenter de structures à une dimension, enroulez plutôt vos petites plantes grimpantes — *Ficus pumila* rampant ou le lierre, par exemple — sur deux et même trois arceaux de retenue à la fois, de manière à leur procurer un appui en trois dimensions. Tenez-vous-en à des formes simples — cubes, cônes, globes, pyramides — que vous confectionnerez à l'aide d'un fin grillage garni de sphaigne humide. Étant donné qu'il faut un certain temps à une plante pour qu'elle colonise l'armature qui la soutient, vous obtiendrez des résultats plus rapides en plantant simultanément plusieurs sujets au pied d'une même armature. On peut également imaginer des supports d'usage moins courant et se servir par exemple d'un végétal pour en soutenir un autre : lierre tuteuré par *Monstera deliciosa*, ou encore jasmin s'élevant autour d'un tronc d'arbre mort. Une plante de petite ou moyenne taille gagne de l'importance quand on la surélève : piédestals et cache-pot ont toujours été faits pour cela. Mais quel que soit l'artifice utilisé, veillez à ce que les plantes positionnées le plus près du sol reçoivent toujours suffisamment de lumière.

Divers éléments architecturaux peuvent fournir aux plantes une structure d'encadrement tridimensionnelle. Il est courant d'amasser sur la grille et dans le foyer d'une cheminée condamnée des végétaux qui se plaisent à l'ombre — les lierres et les fougères, par exemple. Éclairer ces plantes à l'aide de spots pour les détacher du fond assombri par la suie leur donnera encore plus d'éclat. L'em-

CI-DESSUS : *un trio de simples piedestals noirs, que seule leur différence de taille distingue, transforme trois modestes pépéromias en petites sculptures vivantes. Une décoration simple n'est pas obligatoirement synonyme d'ennui.*

A GAUCHE : *on reste souvent perplexe devant les plantes guidées sur des cerceaux ; il suffit que leurs supports soient décentrés, ou que leurs rameaux se disciplinent difficilement — comme ceux de la bougainvillée, par exemple — pour qu'elles semblent mal à leur aise. Au contraire, ces jeunes et vigoureux jasmins guidés sur des cercles parfaits soulignent de leur élégance superbe la géométrie de l'obélisque de marbre.*

brasure d'une fenêtre un peu à l'écart peut fort bien servir elle aussi d'écrin à des végétaux, et si la vue est franchement exécrable, un store blanc transparent suffira généralement à l'escamoter.

L'utilisation d'un mur entier est tout à fait indiquée quand on souhaite créer un jardin intérieur, encore que des surfaces brutes et rugueuses comme la brique ou la pierre conviennent beaucoup mieux que le plâtre ou le papier peint. Il vous suffit alors de doubler votre mur de grillage, comme on le fait dans un jardin, ou encore d'un solide treillage constitué de liteaux de bois dont les croisillons formeront des carrés ou des losanges. Mais quelle que soit la méthode choisie, ménagez un espace de deux centimètres et demi environ entre le mur et le support pour que l'air circule et que la plante puisse s'enrouler librement autour de ses points d'appui. Réfléchissez bien avant d'opter pour tel ou tel dispositif de palissage, car une fois que vous l'aurez fixé ce ne sera pas une mince affaire que de le retirer sans dégâts. Si l'installation recouvre tout un mur, du sol au plafond, les plantes tiendront lieu de papier peint. On peut aussi créer des panneaux verticaux de verdure plus modestes en fixant du fil de fer galvanisé ou en appliquant du treillage contre le mur d'un fond de couloir ou sur un pilier. Si la fleur de la Passion, *Cissus rhombifolia* et autres plantes à vrilles savent s'orienter et s'insinuer d'elles-mêmes à travers les mailles du réseau qui les soutient, il n'est guère compliqué de guider le jasmin, le hoya et l'asparagus à l'aide de quelques liens plastifiés. Dans une pièce spacieuse, des paravents pourront encore servir d'appuis aux plantes grimpantes tout en cloisonnant l'espace. On peut réaliser ces écrans à l'aide d'un treillage ordinaire fixé sur un cadre robuste, ou encore les acheter tout faits. Mais quels que soient le matériau et le style choisis, ces écrans devront être impérativement chevillés au sol.

A DROITE : *un monstera, divers ficus ornementaux et une modeste fleur de la Passion se combinent pour édifier cette paroi de feuillage. Suffisamment épais pour cloisonner l'espace, mais pas assez pour faire obstacle à la libre circulation de l'air et de la lumière, les murs végétaux se prêtent admirablement au cloisonnement des activités domestiques dans les pièces à vocations multiples.*

## DECORS DE FETE

Même si vous ignorez par avance ce que vous allez y découvrir, n'importe quel salon horticole vous fournira mille et une occasions de composer chez vous des décorations florales éphémères. Les exposants n'y présentent en effet que des plantes en pleine vitalité, et souvent ils préfèrent les vendre à la clôture plutôt que de les rapporter dans leurs serres. Si le dernier jour d'une exposition de quelque importance est une aubaine pour les amoureux du jardinage, c'est aussi l'occasion pour les amateurs de plantes d'intérieur d'y glaner de somptueux butins. Vous y trouverez des plantes peu habituelles (les grands clianthus, les medinellas, les glycines, les fuchsias, les ravissants et désuets rosiers-tige), et aussi ces bulbes en fleurs qu'on ne trouve d'ordinaire que sous leur forme dormante (le gloriosa orangé à haute tige, par exemple, ou le très excentrique encomis). Quant aux fleurs coupées que vous en rapporterez, la plupart resteront belles deux ou trois jours encore.

Noël donne toujours lieu à des festivités fastueuses. Bien qu'en la circonstance les ornements traditionnels — le sapin, les guirlandes, les bouquets de gui, le houx et le lierre décorant le cadre des tableaux — conviennent parfaitement, rien n'interdit cependant de faire pour la circonstance preuve d'originalité ; par exemple en accrochant des boules transparentes aux branches de *Ficus benjamina*, ou encore des grappes de boules argentées, tels des fruits de saison, sous les feuilles d'un palmier ou sous la rosette d'un *Dracaena marginata*.

Sur un oranger d'appartement, des boules de Noël multicolores en très grand nombre auront l'éclat insolite de fruits mûris hors saison. Une plante plus petite sera elle aussi de la fête si vous la placez dans un grand récipient de verre garni de

A GAUCHE : *lis, feuilles de chêne en bas et gui en haut composent un cadre quelque peu insolite dont le charme s'accorde parfaitement avec le romantisme de ce portrait de jeune femme. L'effet de profondeur obtenu n'est pas à proprement parler celui d'un trompe-l'œil ; les éléments du décor occupent différents plans de l'espace, donnant l'impression que la toile s'inscrit dans une perspective à trois dimensions.*

*Bien que les baies et les fruits prennent tout leur éclat à l'époque où les fleurs de pleine terre sont rares, on ne voit souvent en eux que d'éphémères pourvoyeurs de couleurs. Ici, églantier, aubépine, cotonéaster, pyracantha et gui déploient leur parure automnale. Point n'est besoin d'« apprêter » ces simples branches coupées pour qu'elles fassent bonne figure dans la maison.*

*Jamais tout à fait chez lui hors de sa terre d'origine, l'Amérique du Sud, le désespoir du singe est en vérité un arbre d'allure maladroite. Ici, on s'est servi de deux branches d'araucaria pour confectionner cette guirlande de Noël peu commune destinée à la décoration d'une banale porte de bois. Moralité : ne décidez pas qu'un végétal est dépourvu d'intérêt décoratif avant de lui avoir laissé sa chance de prouver le contraire.*

boules de Noël pour cacher son pot. Achetez six pieds de lierre avec leurs tuteurs de bambou (ceux qu'on trouve en plein air chez les pépiniéristes sont invariablement moins chers et de plus haute taille que ceux qui sont vendus comme plantes d'intérieur), transplantez-les ensuite dans des pots de terre cuite peints en blanc ou en rouge puis alignez-les sur le manteau d'une cheminée ou la console d'un étroit vestibule. Les variétés panachées du lierre se dispensent fort bien d'enjolivures, mais quelques petits nœuds de satin rouge et blanc rehausseront l'éclat des variétés d'un vert sombre.

Profitez aussi des fêtes de Noël pour remplir à profusion de verdure et de plantes à baies tous les coins de la maison et tous les récipients disponibles. Ne vous limitez pas à des grosses branches de houx et de lierre (autant que possible pourvues de leurs baies) quand la flore à feuilles persistantes vous offre un choix considérable : oranger du Mexique, laurier du Portugal, mahonia, *Garrya elliptica* et arbousier, par exemple. Avec leurs aiguilles grises qui relèveront le vert sombre de la plupart des feuillages persistants, de grosses branches de sapin (de préférence le sapin bleu) seront tout aussi fastueuses. Évitez par contre les cupressus et les faux cyprès, d'aspect terriblement morbide. Aussi lugubre par sa couleur que par les idées noires qu'il évoque, l'if n'est guère recommandable, lui non plus. Les plantes à feuilles persistantes se mettront aisément au diapason des fêtes de fin d'année si vous les parez de quelques rameaux artificiels de poinsettias à fleurs blanches. De véritables poinsettias, dont les feuilles poussent avec un rien de gaucherie, s'accorderaient eux aussi parfaitement avec des branchages feuillus.

Transporté dans son pot, un cèdre, ou encore un sapin du Colorado vous changera agréablement du sapin de Norvège qui, traditionnellement, fait office d'arbre de Noël. Vous trouverez aussi chez le pépiniériste des conifères de taille plus modeste qui orneront votre table le soir du réveillon. Un petit cryptomeria du Japon, par exemple, avec son feuillage bronze ou rouge violacé, auquel vous aurez accroché des boules de Noël dorées ou argentées, vous laissera un souvenir inoubliable. Toujours pour la même occasion, vous pourriez encore décorer un arbre peint à la bombe en le parant de guirlandes et de boules de couleurs complémentaires, ou au contraire savamment contrastées.

**L'esprit de Noël**

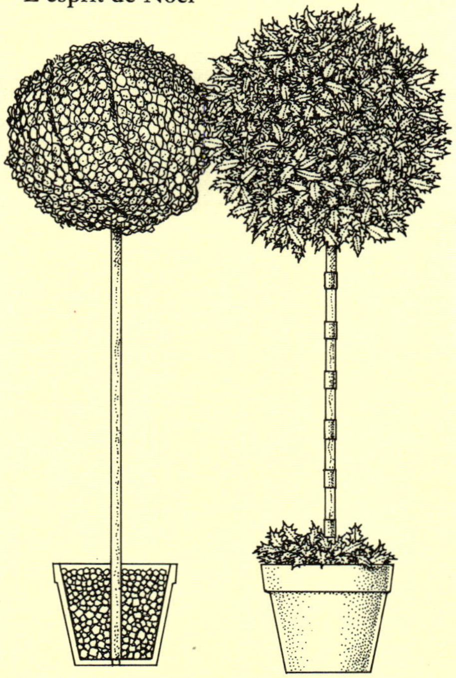

*Commencez par former une armature de grillage en forme de cercle dans laquelle vous comprimerez de la mousse végétale. Puis introduisez fermement dans la boule ainsi obtenue l'extrémité d'un manche à balai, dont l'autre extrémité sera ensuite maintenue dans un pot par du gravier bien tassé. Enfin, piquez uniformément toute la surface de la sphère ainsi que celle du gravier de petites branches de houx et décorez de rubans le tronc de votre peu banal arbre de Noël, dont vous nébuliserez régulièrement les feuilles.*

A GAUCHE : *tant qu'elles poussent dans des conteneurs, rien ne vous empêche d'introduire pour un « extra » vos plantes de jardin dans la maison. Ce laurier un peu hirsute s'est mis sur son trente et un pour quelque grande occasion.*

A DROITE : *judicieusement disposés, des éclairages directs et en contre-jour rehaussent l'éclat des fleurs et des plantes.*

## ECLAIRAGE

On ne peut concevoir un éclairage destiné à mettre en valeur des plantes et des fleurs sans tenir compte de celui de la pièce dans son ensemble. Une illumination à grand spectacle, aussi féerique soit-elle, ne s'impose pas de façon absolue, car dans une pièce bien exposée au sud ou à l'ouest (au nord ou à l'ouest dans l'hémisphère sud), la lumière naturelle convient mieux que toute autre à la parfaite mise en valeur des plantes. De plus, il n'est pas inutile de rappeler que toutes les sources de lumière artificielle ne comblent pas nécessairement les exigences biologiques des végétaux, et que, d'une façon générale, ces derniers préfèrent se trouver aussi près que possible d'une fenêtre.

Un coin de pièce généreusement garni de plantes éclairées de l'arrière et de bas en haut par un petit spot créant sur le feuillage des jeux d'ombres et de lumières devient automatiquement point de mire. Un gros bouquet de fleurs séchées placé devant un miroir attirera tout autant l'œil, si on ne l'éclaire que d'un seul côté. On obtiendra encore le même résultat en éclairant une masse de plantes très touffue à la fois de l'arrière en lumière douce, et de l'avant grâce à un ou deux faisceaux émis par des spots. Mais si vous souhaitez réussir un effet réellement théâtral, faites courir une guirlande de minuscules lampions blancs, comme ceux dont on se sert pour décorer un arbre de Noël, à travers le feuillage d'un ficus, d'un grand dracaena ou d'un laurier d'Apollon taillé en pyramide.

Souvent réglés par un rituel précis, voire empreints d'une certaine solennité, les dîners s'accommodent fort bien d'un peu de mise en scène. Si l'éclairage intense déversé par un plafonnier suffit généralement à mettre en valeur l'agencement d'un groupe de plantes ou bien l'unique palmier logé dans l'un des coins de la pièce, une lumière tamisée sera plus indiquée pour rehausser le scintillement des bougies qui entourent la décoration florale du centre de table. Quant aux feuilles vernissées, dont la structure et le dessin sont dignes d'être admirés, elles ne paraissent jamais autant à leur avantage que lorsqu'on les éclaire directement, en lumière crue, soit du haut, soit de face ou de côté. Si la lumière provient du bas, seule la face inférieure des feuilles sera éclairée. Or, chez certaines plantes, cette face recèle des couleurs et une structure magnifiques : rouge

*Dirigé sur la surface fortement réfléchissante du vase, cet éclairage de scène parfaitement dosé illumine magnifiquement le coin de la pièce. La délicatesse du réseau de tiges séchées est rehaussée sur fond de lumière dorée.*

intense du philodendron pourpre ou de *Saxifraga stolonifera*, le dessus du limbe prend l'aspect d'un velouté brun roussâtre chez le néflier du Japon ou chez certains rhododendrons, ou encore d'une feutrine d'un blanc pur chez d'autres variétés de rhododendron. C'est donc par le bas qu'il convient d'éclairer ces faces d'ordinaire cachées, dont on révélera la beauté en plaçant la plante à hauteur d'œil, voire un peu plus haut.

Un feuillage qui reçoit de l'arrière une lumière très intense réagit en fonction de l'épaisseur des limbes. Les feuilles fines deviennent translucides et très belles, surtout quand elles se chevauchent (mais elles supporteraient moins aisément un ensoleillement direct). Les feuilles plus épaisses, elles, y perdent les détails qui font leur singularité, et, en contre-jour, se réduisent à des silhouettes obscures et sans relief. En revanche, si on éclaire de l'arrière un feuillage (en réfléchissant le faisceau lumineux sur un mur blanc, par exemple), il perdra de son éclat, mais la distribution des ombres et des lumières créera des motifs plus subtils, plus estompés.

D'une façon générale, plus la source lumineuse est proche d'une plante, plus denses seront les ombres portées, sauf si l'éclairage provient directement du dessus, auquel cas les ombres seront pour une bonne part effacées ; mais les feuilles risquent d'être desséchées par la chaleur. On évitera donc, dans la mesure du possible, les ampoules nues, qui provoquent toujours un éblouissement désagréable. De multiples dispositifs d'éclairage d'une grande souplesse d'emploi — réducteurs, luminaires d'angles, rails lumineux avec lampes amovibles — permettent de multiplier les effets de lumière. Ne craignez pas de déplacer une plante pour l'exposer bravement, mais temporairement, aux feux de la rampe. Vous ferez du pot de chrysanthèmes le plus banal la vedette d'un soir si vous le disposez sous une lampe japonaise en papier.

# PLANTES ET POTS

*Les relations d'une plante avec le récipient qui l'héberge sont beaucoup plus complexes qu'on ne l'imagine et procèdent de considérations aussi bien esthétiques que purement horticoles. Non seulement ils doivent former un duo harmonieux, mais aussi s'intégrer l'un comme l'autre dans l'ensemble du décor.*

Aux yeux des puristes, un pot a pour unique fonction d'assurer à une plante les conditions les plus favorables à sa croissance. Il ne doit en aucun cas lui disputer la vedette. Pour les décorateurs, au contraire, c'est l'esthétique du contenant qui prime, et ils s'en soucient tout autant que de la plante elle-même. Mais pourquoi ne pas chercher à tirer parti de l'un et de l'autre, puisqu'il existe des récipients qui répondent aux exigences esthétiques les plus raffinées tout en garantissant aux plantes leur bien-être ?

## POTS COURANTS

La plupart des plantes sont vendues en pots de plastique de faible poids, ce qui facilite leur transport et leur rangement. Ces pots ont encore d'autres avantages : leur coût de fabrication est bas, ils se brisent rarement si on les laisse tomber, et il est plus facile de les nettoyer et de les stériliser que leurs équivalents en terre cuite, poreux par nature. Une plante dans un pot en plastique n'a donc pas besoin d'arrosages aussi fréquents.

Mais dans un intérieur ces considérations pratiques perdent de leur importance, et l'aspect du matériau rebute. Qu'ils soient brun orangé et renforcés d'une large ceinture imitation terre cuite, ou vaguement camouflés de vert pour tenter de passer inaperçus au milieu de la verdure, les pots en plastique ne trompent en effet personne. Quant aux pots moulés dont l'ambition est de reproduire des vasques de pierre Renaissance, bien qu'ils ne soient ni plus épais ni plus pesants que du papier, ils sont pour la plupart esthétiquement désastreux.

Nettement plus avenants sont les classiques pots en terre cuite, dont on ne se lasse jamais. Matériau lourd mais naturel, la poterie est mieux adaptée à la forme naturelle et à l'« étoffe » d'une plante. Le poids des pots en terre joue d'ailleurs bien souvent à leur avantage car, contrairement aux pots en plastique que la tourbe n'alourdit guère, ils offrent suffisamment de stabilité aux plantes hautes et pourvues de racines grêles pour les empêcher de basculer ou de se laisser renverser.

Les cinq minutes que vous passerez à transplanter une plante d'un pot en plastique dans un pot en terre cuite vous feront économiser temps et argent. Rappelez-vous cependant que tous les pots en terre cuite ne sont pas nécessairement bien dessinés, et que ce qui fait du pot de fleurs traditionnel un objet agréable, c'est la simplicité de ses formes, l'absence de fioritures, l'élé-

*Ne partez pas du principe qu'une plante doit passer toute sa vie dans son pot d'origine. La beauté de ce ravissant décor procède tout autant de la délicatesse des poteries que de la grâce des orchidées.*

gance de ses proportions, de sa ligne et de sa matière. Avec leurs guirlandes à l'italienne ou leurs têtes sculptées, les pots plus élaborés ne manquent pourtant pas de charme dans certains décors sophistiqués. Mais on évitera soigneusement ces pots en terre cuite aux proportions disgracieuses, ou surchargés de motifs décoratifs et de volutes incongrus. Les différences de dessin sont parfois plus subtiles : ainsi, deux pots en terre cuite pourront être de même hauteur et de même diamètre, mais le profil de l'un sera plus délié, plus gracieux que celui de l'autre. La qualité du profil dépend autant du tour de main de l'artisan que du matériau lui-même. Les vrais connaisseurs sont enclins à préférer les poteries anciennes faites à la main, toujours un peu asymétriques, mais dont chacune est unique. On trouve aussi des pots modernes de fabrication artisanale, mais dont l'ornementation est souvent aussi outrée que le prix de vente. Quant aux pots fabriqués en usine, ils sont parfaitement symétriques, mais on s'obstine à leur donner un aspect luisant et à les affubler d'une coloration orangée beaucoup trop criarde.

La plupart des pots en terre cuite sont fabriqués en dimensions standard. C'est d'ordinaire leur diamètre supérieur, généralement égal à leur profondeur, qui définit les différents modèles.

Si vous laissez une plante pousser dans son pot d'origine, prévoyez une soucoupe ou une assiette pour recueillir l'eau qui s'écoulera de l'orifice de drainage. Il va sans dire que placer un pot directement sur un tapis ou un parquet n'est pas sans risques : l'eau et les sels minéraux qui filtrent à travers le compost et l'argile menacent de laisser des taches indélébiles, même sur un sol en liège, en pierre ou en carrelage. Mais une soucoupe ne remplira son rôle que si elle est vernissée, sans quoi elle restera poreuse. Choisissez-la assez grande pour que le pot n'y soit pas en équilibre instable, et assez profonde pour contenir d'éventuels débordements.

A GAUCHE : *ce choix de plantes d'intérieur — qui prennent leurs vacances d'été dans le jardin — témoigne de la gamme très étendue des pots en terre cuite qu'on trouve dans le commerce.*

Les cache-pot que nous ont légués nos grand-mères sont suffisamment décoratifs pour se suffire à eux-mêmes, surtout s'ils sont accompagnés, comme il était alors d'usage, d'un piédestal. En faïence vernie, plus ou moins richement décorés et colorés, ils sont traditionnellement destinés à accueillir des fougères, des aspidistras ou du lierre rampant. Ces cache-pot et les plantes qu'ils hébergent, quand ils sont mis en valeur par un savant éclairage (voir p. 51), produisent autant d'effet dans l'entrée que dans le salon ou la salle à manger. Objets d'époque ou simples copies, ils sont malheureusement d'un prix relativement élevé.

CI-DESSOUS : *dans cette salle de bains un peu désuète, un cache-pot du temps de nos grands-mères trône sur un piédestal de même époque : un excellent moyen de masquer un récipient moins agréable à l'œil... et de prévenir les dégâts.*

## RECIPIENTS ETANCHES

Si vous n'arrosez pas à l'excès, rien ne vous empêche de faire vos plantations directement dans un récipient étanche plutôt que dans un pot classique pourvu de son trou d'écoulement. Les plantes qui, à l'état naturel, poussent au bord de l'eau — l'acore à feuilles de graminées, ou encore le cyperus se plaisent fort bien dans la terre détrempée, alors que la plupart des autres plantes y dépériraient.

A l'occasion d'une soirée ou d'un week-end un peu particulier, on peut aisément faire migrer des plantes dans des bacs étanches et décoratifs, puis les restituer ensuite à leurs pots habituels. Mais, si on utilise un récipient étanche de façon permanente, on en garnira le fond d'une épaisse couche de gravier à laquelle on aura incorporé un peu de charbon de bois, que l'on recouvrira d'une mince feuille de fibre de verre pour empêcher la terre d'encrasser le gravier. On remplira ensuite le bac d'un mélange à base de tourbe, lui aussi mêlé de fragments de charbon de bois qui donneront du « moelleux » au milieu nutritif.

Si c'est le bac plutôt que la plante qu'il vous est égal de sacrifier, vous pourrez toujours le percer d'un trou pour l'évacuation de l'eau. Pour les récipients en terre cuite courants, un foret à béton ou une mèche à bois fera l'affaire. Ne percez jamais un trou dans un récipient auquel vous tenez, et s'il s'agit d'un objet précieux, rappelez-vous que lorsque vous l'aurez percé, même de main de maître, vous lui aurez du même coup retiré toute valeur.

Quand vous plantez dans un récipient de verre étanche, camouflez le substrat derrière un « mur » de mousse ou de gravier que vous construirez à l'intérieur pour doubler les parois, car une terre mouillée qui adhère au verre n'est pas du meilleur effet. Des récipients de verre remplis de gravier conviennent à merveille au forçage des bulbes, car les oignons, eux-mêmes gorgés de réserves nutritives, n'ont besoin d'aucun engrais supplémentaire.

CI-DESSUS : *de jolies boîtes métalliques (les équivalents modernes des anciens cache-pot) peuvent fort bien donner asile aux plantes comme à la verdure. A l'exception des touches de couleur apportées par les baies orangées du nertera, ce sont ici les boîtes qui attirent le regard.*

A DROITE : *en règle générale, l'aspect du milieu nutritif compte pour peu dans la séduction exercée par une plante d'intérieur. Mais ici, une « coupe géologique » dévoile pour le plaisir de l'observateur le mystère de la genèse des racines et des pousses.*

## BACS ET CAISSES

Pour cloisonner l'espace et départager les aires de passage de celles où l'on travaille assis, on dispose souvent dans les bureaux de grandes jardinières garnies de plantes de belle taille. Rien ne vous empêche de faire la même chose chez vous en tenant compte du fait que des jardinières trop volumineuses risqueraient de donner à votre intérieur l'aspect impersonnel d'un hall d'aérogare ou d'un bâtiment administratif.

Une rangée ou un regroupement de grands pots en terre cuite garnis de terreau et occupés par de hautes plantes créerait assurément une ambiance plus intime. A moins que vous ne préfériez, plus classiquement, un rang de caissettes de bois. Une couche de laque blanche, noir corbeau ou d'une couleur assortie à la décoration de votre intérieur leur donnera belle allure si elles contiennent des ficus ou de jeunes jacarandas. On trouve aussi dans le commerce des bacs cubiques d'aluminium en kit. Quant aux bacs de bambou ou de rotin, ils apporteront chez vous quelque chose de la lointaine Asie. Ne rejetez pas d'emblée les bacs de jardin. Ils peuvent être tout aussi beaux à l'intérieur. Posée à même le plancher (si celui-ci est suffisamment solide) ou sur un socle de pierre, une auge de pierre garnie de lierre tuteuré retombant sur les côtés fera un effet somptueux.

Entre la pierre, naturelle ou reconstituée, le bois, la fibre de verre, le zinc, le plastique, le fer blanc, le bambou, le rotin, vous n'avez que l'embarras du choix. Mais évitez les plastiques imitant le bois, le bambou ou même la pierre. Seul le faux zinc en fibre de verre fait parfaitement illusion, car l'un et l'autre matériaux ont, à peu de chose près, le même poli et la même épaisseur.

Les bacs intégrés à l'architecture sont souvent superbes ; en particulier ceux qu'on bâtit sur un sol de tomettes ou de carreaux de faïence et qu'on revêt extérieurement du même matériau. L'ennui de ces structures, c'est précisément qu'elles sont là à demeure, et que si on s'en lasse ou décide de

CI-DESSUS : *les jardinières montées sur roulettes satisfont pleinement aux exigences de la décoration tout en garantissant aux plantes leur bien-être. Grâce à elles, il devient tout simple de faire profiter de l'ensoleillement les végétaux qui se plaisent en pleine lumière. Et point n'est besoin d'être un colosse pour mouvoir le chariot.*

A DROITE : *un parterre intégré dans un ensemble architectural peut produire un effet sensationnel. Mais attention ! Ce n'est pas à un hôte de passage que vous donnez asile : il ne vous sera pas si facile de congédier votre bac.*

modifier l'agencement de la pièce, il devient passablement coûteux de s'en défaire. En revanche, il est tout simple de déplacer d'une fenêtre à l'autre une jardinière montée sur roulettes pour exposer les plantes à un maximum d'ensoleillement. Une précaution cependant : songez à bien caler le chariot quand il est en place, de crainte qu'il ne se révèle plus mobile que vous ne le souhaiteriez.

## ÉPIPHYTES D'ORNEMENT

Dans les jardins botaniques et les orangeries, les plantes épiphytes — *Asplenium nidus*, orchidées et broméliacées — s'accrochent librement, comme elles le font dans la nature, aux branches ou aux troncs d'immenses arbres, vivants ou morts. Les épiphytes ne sont pas des plantes parasites, car ils ne se nourrissent pas aux dépens des végétaux auxquels ils s'accrochent. Ces derniers ne leur servent que de supports. Et si, d'ordinaire, les épiphytes grimpent le long des arbres, des rochers humides leur conviennent tout autant. Leur nourriture se compose de plantes en décomposition et de débris animaux qui se déposent autour de leurs racines ou à la base de leurs feuilles.

Cette mise en situation, rien ne vous interdit de la reproduire, encore qu'il soit d'autant plus malaisé d'accueillir et de sédentariser chez soi l'arbre qui les soutiendra que celui-ci sera plus massif. En outre, la plupart des épiphytes revendiquent à la fois une chaleur et une humidité tropicales, donc des pulvérisations fréquentes au printemps et en été. Le mieux serait sans doute de vous procurer un tronc d'arbre évidé que vous déposeriez à même un sol carrelé, ou encore sur une table basse ; vous y attacheriez, avec du fil de fer ou des liens de plastique, diverses variétés d'épiphytes dont les racines seraient enfouies dans un compost de tourbe humide et enrobées de sphaigne.

On peut encore fixer les épiphytes sur de banals tuteurs, bien que leur rigidité n'ait pas grand-chose de commun avec la grâce naturelle d'un arbre en pleine croissance.

## JARDINS AQUATIQUES D'INTERIEUR

La plupart des décorations aquatiques d'intérieur quelque peu ambitieuses sont vouées à l'échec, car l'eau traitée est trop claire, trop propre, sans vie. Si on peut maintenir les bassins artificiels d'extérieur en état d'équilibre écologique, c'est-à-dire en y faisant vivre des plantes libérant de l'oxygène et des poissons en nombre exactement proportionnel au volume d'eau, c'est uniquement parce que ces bassins sont exposés à la lumière solaire. Dans un intérieur, la lumière naturelle n'est jamais suffisante pour que les plantes aquatiques — les nénuphars et les espèces productrices d'oxygène, par exemple — s'y développent harmonieusement. Tel ne serait pas le cas si on abritait le réservoir dans une serre ou un jardin d'hiver surmonté d'une verrière. La lumière artificielle peut en théorie se substituer à la lumière solaire. Mais pour que cette substitution soit opérante, il faudrait en réalité placer la source de lumière si près des plantes que le but recherché — créer un jardin aquatique naturel d'intérieur — serait du même coup ruiné. Un palliatif banal, mais éprouvé, consiste à se procurer un aquarium « tropical » dont le couvercle dissimule la source artificielle d'éclairage. Les végétaux y recevront toute la lumière nécessaire, en même temps que des filtres et des pompes à air conserveront à l'eau sa propreté.

Un jardin « au bord de l'eau », autrement dit des plantes groupées autour d'un plan d'eau pure, peut constituer un excellent élément de décoration intérieure. Mais, là encore, tout se passe comme avec les bacs intégrés dans un ensemble architectural : si votre bassin est scellé dans la maçonnerie, il restera là aussi longtemps que vous occuperez les lieux. Cependant, vous pouvez fort bien en escamoter les parois avec des végétaux, qui par ailleurs tireront profit de l'humidité ambiante. Mais rappelez-vous que l'eau pèse lourd — un kilogramme par litre — et qu'un bassin de grande surface rempli sur plus de quinze centimètres de

*La lumière naturelle qui pénètre dans un local n'a pas suffisamment d'intensité pour que des nénuphars s'y développent harmonieusement, sauf si, bien entendu, le local en question est une forcerie ou une serre. Dans un réservoir de petite capacité tel que celui-ci, il est indispensable de prévoir une pompe et un filtre qui empêchent l'eau de stagner et de croupir. Mais le résultat est superbe. Une idée de décoration temporaire qui vaut d'être méditée quand on dispose à la fois de nénuphars et de réservoirs.*

profondeur peut représenter une menace bien réelle pour un solivage de bois. Un sous-sol ou un rez-de-chaussée offrirait probablement de meilleures garanties, mais avant de prendre toute initiative, entourez-vous du conseil d'un architecte ou d'un maître d'œuvre. Enfin, vous devrez disposer d'une source d'eau claire à proximité de votre cuve et faire installer des conduites d'évacuation des eaux usées.

Une ou deux rangées de briques empilées les unes sur les autres seraient tout à fait indiquées pour dissimuler les parois du bassin, mais encore faut-il que le sol puisse supporter ce poids supplémentaire. Il y a tout lieu de craindre aussi que les jeunes enfants ne s'amusent à faire tomber les briques dans l'eau... Si quelques bambins s'ébattent dans la maison, il serait de toute façon trop dangereux d'y construire un bassin. C'est encore aux plantes que l'on fera appel pour camoufler les filtres et les pompes installés par l'électricien. Avant d'acheter une pompe, testez son niveau sonore. On imagine mal combien certaines sont bruyantes ! Par ailleurs, sachez qu'un bassin est éclairé de façon plus réaliste par une source de lumière qui le surplombe que par une source en immersion, sauf s'il s'agit d'une très grande pièce d'eau.

Vous trouverez aussi chez le pépiniériste ou le spécialiste de jardins aquatiques toute une gamme de bassins en fibre de verre ou en plastique rigide, de fontaines en pierre reconstituée et de baignoires pour oiseaux qui, selon les modèles, peuvent reposer sur un support ou s'accrocher au mur. En la matière, les formes géométriques dépouillées s'accordent mieux que les contours fantaisistes avec la symétrie souvent rigoureuse des pièces d'habitation. Les couleurs qui conviennent le mieux aux bassins de plein air sont généralement le gris foncé ou le noir (le bleu électrique, lui, est tout sauf « naturel », n'en déplaise aux publicités dans lesquelles l'eau resplendit toujours d'un bleu acier), et ces couleurs conviennent tout autant aux bassins d'intérieur qui, eux, n'ont pas la prétention de passer pour des plans d'eau naturels.

Si vos ambitions sont plus modestes, contentez-vous de fixer contre un mur soit une de ces grandes coquilles de bénitier, soit un lavabo ou une vasque en pierre artificielle de faible profondeur. Là encore, tenez compte des considérations de poids et proscrivez les teintes par trop artificielles.

## MILIEU NOURRICIER

De nombreuses plantes d'appartement passent toute leur vie dans leur compost d'origine. Bien que la plupart des gens se désintéressent totalement des caractéristiques des différents composts, vous aurez tout avantage à connaître les deux catégories principales s'il vous arrive de transplanter un végétal dans un pot plus volumineux, ou encore de multiplier certaines espèces.

Les horticulteurs recourent de préférence à un mélange composé de tourbe additionnée d'engrais, auquel on ajoute parfois un peu de vermiculite, de perlite ou de sable siliceux. Les mélanges à base de tourbe sont en effet standardisés, légers, faciles à utiliser avec les dispositifs d'arrosage courants et moins « salissants » que les composts à base de terreau. Par contre, ils ont l'inconvénient de ne pas retenir longtemps les principes nutritifs, dont la tourbe est totalement dépourvue, et qu'il est nécessaire d'ajouter au mélange très peu de temps après la mise en pot. Autre inconvénient : les composts à base de tourbe sèchent rapidement et, une fois secs, il leur faut un certain temps pour absorber l'eau d'arrosage. Enfin, du fait de leur légèreté, ils n'offrent que très peu de stabilité aux plantes de grande taille dont le sommet est chargé.

Les composts à base de terreau se composent essentiellement de terreau stérilisé additionné de tourbe, de sable ou de grès siliceux, de calcaire et d'engrais. On les vend sous diverses appellations commerciales.

Mieux disposés à s'imprégner d'eau que les composts à base de tourbe, ils se dessèchent aussi moins rapidement, contiennent davantage de substances nutritives et, comparativement plus lourds, offrent une plus grande stabilité aux plantes massives et à celles qui poussent dans des pots en plastique. La plupart des spécialistes s'accordent pour conseiller au jardinier amateur les composts à base de terreau additionné d'un peu de tourbe ou de sable, lesquels conviennent fort bien aux plantes qui exigent un drainage parfait.

Si la terre arable se prête admirablement à la culture de jardin, elle est catastrophique pour les plantes d'appartement. Très rares sont les sols qui possèdent toutes les qualités du terreau, et à supposer même qu'il en existât un seul, il n'en serait pas moins indispensable de le stériliser pour le débarrasser des insectes et autres agents pathogènes, d'analyser sa composition pour corriger un éventuel déséquilibre, et aussi de lui ajouter de la tourbe.

## REMPOTAGE

Quand on achète une plante déjà bien développée et non pas un jeune plant ou une simple bouture avec ses racines, c'est bien sûr l'horticulteur qui se sera chargé de la première mise en pot. Et si ce pot est devenu trop exigu au printemps suivant, vous devrez lui en substituer un autre de plus grande capacité. Mais ne dérangez pas vos plantes quand elles sont en fleurs ou en boutons. Attendez pour cela qu'elles aient perdu leurs parures. Des racines qui se faufilent à travers le trou de drainage ou bien se pressent à la surface du compost indiquent d'ordinaire que le végétal se trouve trop à l'étroit. Deux exceptions : le clivia et l'hippeastrum qui, eux, ne se plaisent que là où leurs racines sont corsetées et se refusent à fleurir dans un pot spacieux. Pour examiner l'état des racines, il suffit de tapoter le pot contre une surface dure afin d'en déloger la motte, puis de le renverser en le tenant d'une main tout en dégageant doucement la plante de l'autre main. Si les racines s'enroulent en de multiples circonvolutions ou si elles envahissent complètement le compost, une transplantation dans un pot de plus grande capacité s'impose. Si, au contraire, les racines ne sont que très peu visibles, la plante peut continuer à se développer dans le même pot.

Dès qu'un rempotage devient indispensable, choisissez un pot dont les dimensions soient supérieures de cinq centimètres à celles de son prédécesseur. Une différence plus accusée ne pourrait être que nocive, car un compost qui n'est pas au contact des racines d'une plante fermente. Il est impératif que le pot de remplacement soit d'une absolue propreté et, s'il est en argile, qu'on l'ait fait tremper pendant une bonne heure avant de l'utiliser. Garnissez le fond de vos pots d'argile d'une couche de blocaille ou de tessons de poterie

*Un facétieux artifice de taille qui apporte du volume au décor : la silhouette de l'arbuste donne, en trois dimensions, la réplique à l'image graphique représentée dans le cadre.*

dont vous orienterez la concavité vers le bas. Recouvrez ensuite de compost (en disposant celui-ci sur la couche de blocaille ou directement sur le fond, selon la nature du pot) et emplissez jusqu'à un niveau légèrement inférieur à celui du bord.

Il vous reste à retirer votre plante de son ancien pot et à détacher délicatement le compost épuisé qui adhère à ses racines en veillant à ce qu'aucun tesson ne reste accroché à la motte.

Pour la phase de rempotage proprement dite, vous allez placer la motte au centre du nouveau pot, puis bourrer de compost frais (autant que possible à la température ambiante) les intervalles du réseau de racines ainsi que le vide compris entre la motte et la paroi intérieure du pot. Mais ne remplacez pas un compost quand un végétal est en pleine période de croissance : les racines ne pénètrent pas si aisément un milieu nourricier neuf. Une fois le rempotage terminé, les composts à base de terreau doivent être tassés, à la différence des composts à base de tourbe. Arrosez ensuite légèrement et protégez votre plante de la lumière solaire directe pendant un ou deux jours.

Vient un temps où on doit cesser de transplanter un végétal dans des pots de capacité croissante, et cela pour plusieurs raisons : soit parce que celui qui l'accueille est le plus grand qu'on puisse trouver dans le commerce, ou encore le plus grand qu'on puisse loger dans tel emplacement de la maison, soit encore parce que la pousse de la plante est très lente, ou bien parce qu'elle a cessé de pousser après avoir atteint sa taille maximum. Mais dans tous les cas, vous devrez recommencer l'opération dès que revient le printemps, c'est-à-dire retirer la plante de son pot, éliminer le plus possible du compost adhérant aux racines, puis la replacer dans son pot et remplacer le compost épuisé par du compost frais. Et si vos plantes sont trop volumineuses pour que vous puissiez les rempoter, contentez-vous de gratter la surface en faisant de votre mieux pour ne pas meurtrir les racines et retirez une couche de compost d'environ deux centimètres et demi d'épaisseur, que vous remplacerez par du compost frais.

*Nourriture équilibrée, arrosage régulier, taille soigneuse... ou l'art de faire pousser une plante volumineuse dans un pot de dimension modeste. L'inverse — une petite plante dans un grand pot — serait une hérésie pour le décorateur comme pour le jardinier.*

**Le rempotage**

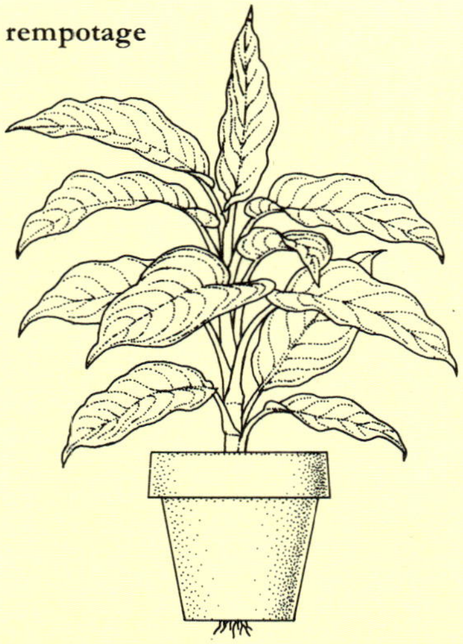

*Quelques racines sortent par l'orifice de drainage : il est d'autant plus urgent de songer à rempoter...*

*... que d'autres racines se sont forcé un passage vers l'extérieur de la motte, qu'elles entourent d'un réseau de circonvolutions blanchâtres.*

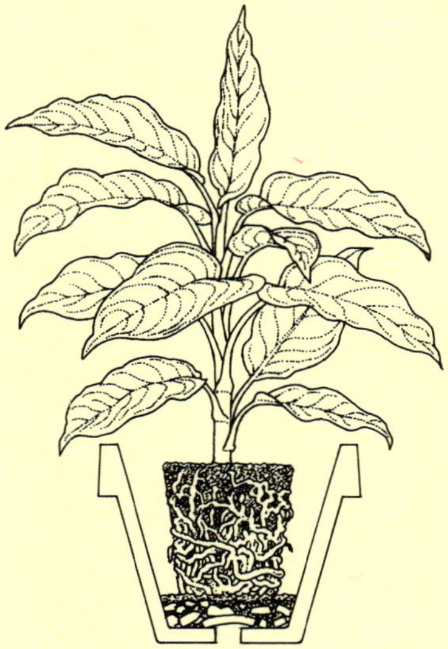

*Disposez un lit de blocaille ou de tessons de poterie au fond d'un pot de plus grande capacité et recouvrez-le tout d'une mince couche de compost...*

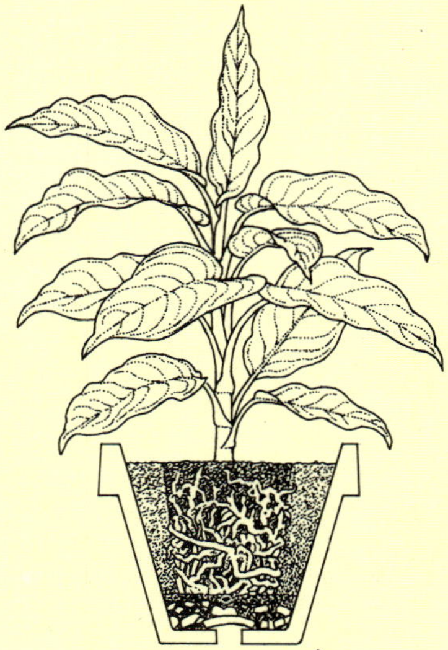

*... dont vous garnirez ensuite tout l'intérieur du récipient en tassant si le compost est à base de terreau. Arrosez, mais sans excès.*

# PLANTEZ VOTRE DÉCOR

*Aucune demeure n'est assez spacieuse pour donner asile aux innombrables variétés de plantes d'intérieur qui sont commercialisées de nos jours et, déroutés par la multiplicité des choix, la plupart des gens ont grand besoin de quelques conseils éclairés (comme pour composer leur menu dans un restaurant étranger), avant de prendre, en dernier ressort, une décision conforme à leurs goûts personnels.*

Si toute plante bien développée mérite le respect, certaines ont nettement plus de brio et de présence que les autres : leur forme, leur taille, leur couleur, ce qu'elles évoquent aussi font que tout les distingue. C'est de ces plantes à part, tant par leurs qualités que par l'usage qu'on peut en faire, qu'il va être question ici.

## ARBRES D'INTERIEUR

On trouve des arbres d'intérieur à tous les prix, du plus raisonnable au plus onéreux. Vous avez donc tout intérêt à vous renseigner et à fouiner un peu partout pour éviter une ruineuse méprise.

*Ficus benjamina* compte parmi les grands favoris et tire son charme particulier de la grâce de ses feuilles brillantes, toujours vertes, qu'une morphologie un peu commune ne parvient pas à faire oublier. D'origine indienne, il ressemble aux arbres de jardin à petites feuilles, mais à dire vrai, un ficus fera d'autant plus d'effet qu'il sera plus massif, et il faut bien admettre que sa version miniature à bas prix, dépourvue de l'aspect sculptural des grands spécimens, ne fera figure que de piètre succédané sur une table. Avec ses grandes feuilles ridées en forme de violon, *Ficus lyrata* est infiniment plus exotique. Mais il est indispensable de le pincer au début de sa croissance si on veut éviter qu'il ne fasse qu'une seule tige démesurément étirée, à la façon un peu disgracieuse de son cousin le caoutchouc. Ce dernier mérite cependant une mention spéciale, ne serait-ce qu'en raison de sa volonté de survivre dans les conditions les plus inhospitalières. Mais parce qu'on le relègue si souvent dans les cages d'escalier exposées aux courants d'air, ou dans d'anonymes vestibules sans âme où son feuillage semble voué à récolter la poussière, et son bac les mégots de cigarettes, le caoutchouc remplit dans le monde végétal le rôle de l'éternel laissé pour compte.

L'heptapleurum et le brassaia qui en est très proche sont presque aussi répandus que le ficus. L'un comme l'autre sont pourvus d'une tige unique et de feuilles qui font songer à des baleines de parapluie. L'heptapleurum partage avec *Ficus lyrata* et le caoutchouc la fâcheuse habitude de

*Il suffit de deux* Ficus benjamina*, d'un élément de séparation et d'un miroir sur la cheminée pour animer comme par magie l'espace de cette pièce. Les fleurs déposées sur le sol attirent le regard et invitent au tête-à-tête. Sur la cheminée, telle une ligne de girls au music-hall, la rangée de pots met en valeur les étoiles de la revue.*

pousser droit comme un échalas. De fréquents pincements y remédieront. Le brassaia, qu'on appelait autrefois schefflera et qu'on commercialise encore fréquemment sous ce nom, se distingue cependant de ce dernier par ses feuilles plus grandes divisées en folioles moins nombreuses et par son développement plus grand.

Différent de tous les végétaux précédemment décrits, le sparmannia ou tilleul d'Afrique arbore un feuillage et affiche un mode de croissance qui lui sont propres. Sous des dehors somptueux — grandes feuilles vert pâle et velues en forme de cœurs —, il cache une grande robustesse. Pour le rajeunir, car il prend en vieillissant des allures un peu dégingandées, on le taillera sur trente centimètres ou plus et on placera les boutures ainsi prélevées dans de l'eau, où elles s'enracineront. Dans un environnement propice, le sparmannia produit des fleurs blanches insignifiantes tachées de rouge en leur centre, et qui, à vrai dire, ne présentent pas un grand intérêt ornemental.

Tous les arbres à agrumes — orangers, citronniers, pamplemoussiers, kumquats — produisent un effet irrésistible lorsqu'ils sont chargés de leurs fruits. De ce fait, les spécimens les plus modestes trouvent acheteur pour des sommes souvent considérables, pour peu qu'ils portent ne serait-ce qu'un seul fruit. Or, il arrive souvent que celui-ci ne tarde guère à tomber sans qu'on puisse savoir s'il faut s'en prendre à quelque heurt malencontreux, ou encore à un coup de froid attrapé durant le transport. Mais le feuillage lustré et aromatique de ces arbres et aussi leurs fleurs blanches à forte senteur suffisent par eux-mêmes à leur donner beaucoup de charme. Cependant, bien qu'ils puissent survivre en lumière médiocre, ils ne sont capables ni de fleurir, ni a fortiori de donner des fruits, s'ils ne sont pas exposés à des températures et à un ensoleillement caniculaires. Les graines du citrus germent sans difficulté aucune, mais il est impossible de prévoir combien les jeunes plants produiront de fleurs et de fruits, alors qu'avec des boutures le résultat est davantage garanti.

*Dracaena marginata* commence par former une seule et unique tige pâle, élancée, élégante, qui pousse d'un seul jet. Puis, chaque année, apparaîtra brusquement au sommet de cette tige, et toujours à l'improviste, un bourgeon qui, à son tour, donnera naissance à un nouveau rameau surmonté d'une touffe de feuilles longues et étroites. D'une robustesse à toute épreuve, les jeunes plants de *Dracaena marginata* coûtent relativement peu cher. On commercialise pareillement diverses variétés de *Dracaena fragrans,* parfois panachées, dont les feuilles sont beaucoup plus développées, en longueur comme en largeur. Ces végétaux prendront avec le temps la forme d'arbustes massifs surmontés de touffes de feuillage peu dense et deviendront d'autant plus gracieux qu'ils auront formé davantage de touffes foliées.

Originaire du Brésil, où il atteint un développement considérable et se pare de ravissantes fleurs mauves, le jacaranda risque fort de ne donner qu'un sujet de taille modeste et de ne plus fleurir dès l'instant où on le fait pousser dans un intérieur. En revanche, son feuillage délicat, pubescent, bipenné et pareil aux frondes de certaines fougères, conservera pleinement ses caractéristiques. Lorsque le jeune plant atteint environ un mètre, sa tige jusque-là unique se divise de

A GAUCHE : *un grand arbre d'intérieur bien développé comme l'est ce schefflera occupe l'espace. S'il est entendu que la forme et l'importance d'une plante décident de l'emplacement qu'on lui alloue, il est évident qu'en dernier ressort c'est le goût personnel — facteur éminemment subjectif — qui, seul, décide de l'agencement du décor.*

CI-DESSOUS : *les immenses feuilles du* Ficus lyrata *ont une grâce naturelle qui fait singulièrement défaut à celles du caoutchouc, son proche parent mieux connu. L'un comme l'autre poussent de façon un peu anarchique, et de fréquents pincements s'imposent pour les discipliner.*

CI-DESSUS : *sans être vraiment élégant, le beaucarnea surprend par son pittoresque. De taille très variable, il peut aussi bien orner une table, comme ici, qu'animer un vaste espace. Mais comme il pousse lentement, il ne faut guère s'attendre à le voir grandir beaucoup après l'avoir acquis.*

façon très harmonieuse. On avait jadis coutume de faire appel à de jeunes jacarandas verdoyants pour garnir de grandes compositions florales mixtes. Mais les sujets qu'on laisse se développer deviennent beaucoup plus impressionnants. Quoi qu'il en soit, il s'agit là d'une plante d'intérieur particulièrement difficile à élever, car un espace bien aéré, une grande quantité de lumière et un repos hivernal à 13° environ lui sont indispensables.

*Aloe arborescens* est en revanche infiniment plus accommodant. Il commence lui aussi son développement sous la forme d'une tige unique, mais très rapidement émet au pied des rejets qui donnent naissance à autant de nouvelles tiges ; celles-ci, comme celles de *Dracaena marginata,* deviendront tortueuses et s'orienteront vers la lumière en prenant de l'âge, tandis que les gracieuses rosettes de feuilles charnues d'un beau gris-vert lui donneront un aspect sculptural. Si on lui fournit suffisamment de lumière, *Aloe arborescens* peut vivre très longtemps et donner un plaisir esthétique accru au fur et à mesure qu'il grandit.

Le yucca semble au contraire presque toujours pataud avec sa tige mince et régulière qui s'interrompt tout net pour donner naissance à un plumet de feuilles qu'on dirait collées, tant l'ensemble a l'air peu naturel. Or, paradoxalement, cette plante est très en vogue, ce qui s'explique sans doute par son prix modique, sa robustesse extraordinaire, et aussi parce qu'il est facile de la multiplier.

Le beaucarnea est à coup sûr plus surprenant que séduisant. Bien qu'il appartienne à la famille des dioscoréacées, quand on le regarde à quelque distance, il fait plutôt penser à un palmier, avec sa souche globuleuse et ses gracieuses feuilles persistantes qui peuvent atteindre un mètre cinquante et retombent joliment en fontaine.

A GAUCHE *: ces sparmannias écimés, qui ne sont pas sans évoquer des platanes, forment un dais sous lequel la méridienne prend des allures de trône. Disposer ainsi deux arbres intérieurs de part et d'autre d'un canapé, d'une table ou d'un bureau rend l'usage de ces meubles infiniment plus agréable.*

## PLANTES D'INTERIEUR ET D'EXTERIEUR

Certaines plantes qui, l'été, se plaisent en plein air, soit dans un jardin, soit sur une terrasse ou un balcon ensoleillé et bien abrité, ne pourraient cependant passer l'hiver autrement que sous une véranda ou une serre (voir aussi « Un jardin dans la maison », p. 34). En réalité, la plupart pourraient parfaitement survivre aux hivers tempérés si elles poussaient en pleine terre, alors qu'en pot leurs racines sont bien plus vulnérables au gel. Mais ce qu'elles ne peuvent supporter en aucun cas, c'est de passer l'hiver dans un intérieur sec et surchauffé.

Le laurier-sauce nous fournit l'exemple même d'une plante qui s'accommode fort bien d'une résidence d'hiver et d'une résidence d'été. On a beau voir souvent sur des photos de majestueux lauriers embellir les salons d'apparat, il faut savoir qu'ils ne sont là que pour une visite éclair avant de réintégrer la serre fraîche où on les a recrutés pour la circonstance. Car quelle que soit la forme qu'on lui a fait prendre — droite, pyramidale ou cylindrique —, un laurier fait l'admiration de tous et représente un placement d'avenir. Sans compter que de petits fragments de son feuillage seront toujours les bienvenus à la cuisine !

Méditerranéen lui aussi, le myrte est un arbrisseau à feuillage persistant qu'on fait aisément pousser à l'extérieur si on l'abrite un peu et si l'hiver est relativement doux. A la différence du laurier, il se pare vers la fin de l'été de fleurs blanches délicieusement parfumées. En dehors de la période de floraison, il n'a en revanche rien de particulièrement attirant, car ses feuilles odorantes et toutes raides sont plutôt quelconques. Mais le myrte ne fleurit que si, du début de l'été jusqu'aux premiers gels, il séjourne au grand soleil à l'extérieur.

A l'époque où furent rapportés d'Extrême-Orient les premiers camélias, on considéra tout d'abord qu'il s'agissait de plantes gélives, alors qu'en réalité ces arbustes sont pour la plupart très rustiques et que seules leurs fleurs sont fragiles et craignent le gel. Mais l'habitude de commercialiser les pieds de camélia en pleine jeunesse, alors que leurs rameaux ploient sous le poids des fleurs,

A DROITE : *pour la plupart des gens, le laurier-rose évoque instantanément les vacances d'été ou les échappées hivernales vers le soleil du Sud. L'exquise beauté de ses fleurs compensent largement sa pousse un peu désordonnée. Le laurier-rose, qui craint le gel, peut devenir un charmant compagnon si on lui fait une place dans la maison quand viennent les froids. Il est l'exemple même du végétal qui s'accommode fort bien d'une résidence d'hiver et d'une résidence d'été.*

PAGE DE DROITE : *dans cette véranda poussent avec exubérance un abutilon, un ficus et un citronnier, lequel est suffisamment ensoleillé pour mûrir ses fruits. Quand un arbre de cette espèce ne peut bénéficier des avantages d'une véranda ou d'une serre, il est indispensable de lui offrir durant les mois d'été un séjour au grand air qui stimulera la pousse de son bois et la formation de ses fleurs.*

met ces végétaux à bien rude épreuve. Ils sont certes resplendissants, mais cette exubérance florale les a épuisés alors qu'il eût été bien préférable que leur vitalité serve à produire des racines, des feuilles et des pousses nouvelles plutôt que des fleurs. N'achetez pas un camélia dont la forme et les proportions ne soient pas harmonieuses. Et si vous ne pouvez vous offrir qu'une jeune bouture, retirez-lui tous ses boutons et toutes ses fleurs ou promesses de fleurs pendant deux ou trois années de suite avant de le laisser s'épanouir à sa guise.

Le laurier-rose, autre arbuste rustique et florifère, est moins robuste que le camélia, mais tout aussi superbe à la floraison. Ses fleurs sont généralement rose foncé, parfois d'une autre couleur, et ses variétés à double floraison dégagent une forte odeur d'amande. Ses feuilles étroites et lancéolées sont plutôt clairsemées. La pousse, irrégulière, donne des sujets bien érigés qu'il est tout simple de reproduire par simple bouturage d'un rameau dans de l'eau. Tous les organes du laurier-rose sont extrêmement toxiques.

On ne connaît d'ordinaire du pittosporum que les quelques petits rameaux de feuillage dont on garnit les bouquets de fleurs. Et c'est fort dommage, car cet arbuste à feuilles persistantes est magnifique. Le pittosporum, variété qui s'accommode le mieux d'une existence partagée entre deux résidences, est pourvu de feuilles épaisses et lustrées poussant sur des branches légèrement dressées, et il épanouit, quand vient l'été, des fleurs d'un blanc crémeux qui exhalent un parfum d'orange.

Ce qui caractérise l'eucalyptus, c'est qu'il produit successivement deux types de feuillage, l'un pendant sa croissance, l'autre quand il devient adulte. C'est généralement le premier qui est le plus beau. Il est donc très heureux qu'un eucalyptus en pot ne se développe pas suffisamment pour se parer de son feuillage d'adulte. Il en existe des centaines d'espèces. Parmi celles qui se prêtent le mieux au changement d'habitat saisonnier, citons *Eucalyptus gunnii, Eucalyptus globulus* et *Eucalyptus niphophila.*

On dénombre également plusieurs dizaines d'espèces d'acacias, mais il en est une — celle que les fleuristes baptisent mimosa, *Acacia dealbata* qu'il est très facile d'acquérir et de faire pousser alternativement à l'extérieur et à l'intérieur. Le mimosa ne produira ses fleurs jaune d'or très parfumées et pelucheuses que si son bois est exposé en plein air au grand soleil de l'été. Touffu et pourvu de feuilles argentées qui font songer à des frondes de fougères, il peut devenir très volumineux si on le fait pousser dans un pot de grande capacité.

D'une rusticité extrême, *Acer negundo* 'variegatum' atteint en pleine terre une très grande taille, alors que dans un pot il reste suffisamment petit pour faire de brèves incursions dans une pièce

GAZEBOS

CI-DESSUS : Pelargonium zonale *trouve aussi bien sa place dans la maison qu'à l'extérieur. Si on lui fournit un bon éclairage, il fleurira pendant de longues semaines. Il serait d'ailleurs temps de songer à pincer le spécimen représenté ici.*

A DROITE : *les primevères regroupées dans le jardin en massifs multicolores rappellent quelque peu les parterres municipaux, mais elles font en revanche très bel effet dans le cadre totalement artificiel d'un décor d'intérieur. Ce genre d'assortiment « pas cher mais gai » sera d'autant plus spectaculaire que les plantes qui le composent seront plus nombreuses.*

fraîche à la fin de l'hiver ou au début du printemps. On le trouve plus volontiers chez le pépiniériste que chez le fleuriste, et il en existe des variétés à feuilles panachées, dorées ou argentées.

Comme *Acer negundo, Eriobotrya japonica,* ou néflier du Japon, semble davantage destiné à agrémenter un intérieur qu'à migrer périodiquement. Pourtant, l'un comme l'autre n'aiment séjourner dans la maison que pendant la brève période des froids et préfèrent passer au grand air le reste du temps. Le néflier du Japon forme de très grandes feuilles rugueuses sur leur face supérieure, tomenteuses et roussâtres sur leur face inférieure, et des fruits comestibles de couleur orangée, mais qui ne se développent que très rarement dans les climats tempérés. Il est facile de faire germer leurs pépins pour obtenir de nouvelles plantes.

Assez rustique lui aussi, le callistemon d'Australie a besoin du soleil de l'été pour mûrir son bois et stimuler sa floraison l'année suivante. Ses fleurs composées d'une masse d'étamines rouge vif, comme autant d'épis serrés les uns contre les autres, ressemblent un peu à des goupillons (il existe bien des pétales, mais ils sont totalement escamotés par les étamines). Celui qui se prête le mieux à la transhumance saisonnière entre deux habitats est *Callistemon citrinus* 'Splendens', qui forme d'étroites feuilles toujours vertes dégageant une forte odeur de citron quand on les écrase. La disposition florale du callistemon a ceci de particulier que les gros épis cylindriques sont situés à l'extrémité des rameaux, qui eux-mêmes continuent de croître après la floraison pour produire du nouveau bois, de nouvelles feuilles et de nouvelles fleurs. Mais cet arbuste est plutôt de nature maigrelette, de sorte que mieux vaut en planter deux ou trois dans un même pot.

L'if du Japon, ou *Podocarpus macrophyllus*, est un conifère que l'on ne cultive que pour son feuillage vernissé et original. Dans un milieu qui lui est propice, il atteint une taille imposante, alors qu'en pot il demeure à l'état d'arbuste. Mais ses feuilles étroites et vert foncé dessinant des motifs en spirale autour du fût, sa croissance harmonieuse et son port gracieux sont autant d'attributs qui lui font tout naturellement trouver sa place au milieu d'une composition florale.

L'azalée japonaise, qui le plus souvent dépérit un mois ou deux après avoir fleuri, a fini par acquérir la réputation de ne pouvoir vivre au-delà d'une floraison, alors qu'il en irait tout autrement si on lui accordait les deux résidences saisonnières qui lui sont indispensables. Il suffirait en effet de lui faire passer l'été en plein air, dans un endroit bien abrité, légèrement ombragé, et de l'arroser généreusement pour qu'elle vive fort longtemps et refleurisse à chaque saison.

Passé la floraison, les fuchsias ne sont guère séduisants, même s'ils conservent leur feuillage. Un horticulteur éminent qui ne possédait pas de serres assez vastes pour abriter ses cultivars eut un jour l'idée de les enfouir chaque année dans un trou profond à l'approche des gels d'automne, de sorte que les plantes pouvaient ainsi rester en sommeil jusqu'au printemps suivant. Alors il les déterrait, les empotait, et elles recommençaient à croître. Cette mesure était dictée par la nécessité, mais elle témoigne du peu d'intérêt que présentent les fuchsias quand leur saison est révolue.

Donc, inutile de gaspiller votre argent en achetant un fuchsia si vous n'êtes pas en mesure de l'abriter durant les mois d'hiver ou si vous ne tenez pas particulièrement à le répudier après la saison.

Si la lumière est suffisante, *Pelargonium zonale* fleurit généralement plus longtemps que le fuchsia. Beaucoup portent de très belles feuilles, et il en existe diverses variétés dont le feuillage est odorant.

## EPHEMERES

La plupart des plantes dont nous allons maintenant parler ont réellement une durée de vie brève. Non que certaines ne pourraient vivre durant de nombreuses années, mais il faudrait pour cela qu'elles bénéficient de conditions si particulières qu'il serait tout à fait irréaliste de songer à les leur fournir. Par bonheur, ces espèces sont pour la plupart fort peu coûteuses du fait que chaque année on les reproduit par semis à très vaste échelle.

Dès le début de l'hiver, on peut commencer à acheter toutes sortes de primevères dans une très

large gamme de tons, puisque celle-ci comprend aussi bien le blanc et les couleurs fondamentales que des teintes foncées, chaudes, ou de délicats pastels. Parmi les plus gracieuses nous citerons *Primula x kewensis* jaune et la primevère double.

Si l'on offre souvent des calcédoines et des cinéraires, c'est qu'elles font de l'effet tout en restant d'un prix modique. Les premières ont des fleurs en forme de petits sacs dont la lèvre inférieure est souvent tachetée ou bordée d'un liseré d'une couleur différente. Par leurs traits caractéristiques — fleurs monochromes ou encore frangées d'une bordure d'une autre couleur et ressemblant étonnamment à celles des marguerites —, les secondes revendiquent pleinement leur appartenance à la famille des composées. Calcéolaires et cinéraires apparaissent chez les fleuristes à peu près à la même époque que les primevères, et, comme elles, préfèrent pousser au froid, mais à l'abri du gel. Les fleurs de *Solanum capsicastrum*, ou piment ornemental, et celles de *Solanum pseudocapsicum*, ou cerisier d'amour, ont pour seul mérite de donner naissance à des fruits éclatants qui peuvent durer un mois et même davantage si la température ambiante atteint environ 10°. Mais leur feuillage est totalement dépourvu de charme, de sorte que mieux vaut se défaire de ces plantes quand leurs fruits commencent à se ratatiner.

C'est au contraire pour la beauté de ses feuilles qu'on fait pousser le coleus, dont on a tout intérêt à sacrifier les fleurs insignifiantes en forme d'épis sitôt qu'elles se fanent si on veut conserver à la plante un aspect dense et bien fourni. Bien que le coleus soit un végétal à feuilles persistantes, il se dégarnit du pied en vieillissant et semble alors passablement défraîchi. Mieux vaut donc prélever des boutures sur la plante et les immerger dans de l'eau : elles y formeront aisément des racines et de jeunes plantules fleuriront l'année suivante. Le coleus semble avoir fortement stimulé l'imagination des horticulteurs, qui ont réussi à en obtenir des variétés de couleurs éclatantes ou encore polychromes. Mais si certaines sont indéniablement subtiles, d'autres sont franchement tape-à-l'œil, pour ne pas dire de mauvais goût, d'où la nécessité de les choisir avec discernement.

Le cycle de la balsamine est identique à celui du coleus : quand on l'achète en plant, son développement et sa longévité sont supérieurs à ceux qu'on lui autorise d'ordinaire, et on la multiplie aisément à partir de boutures immergées. Grâce aux récents progrès des techniques d'hybridation, les balsamines se parent aujourd'hui de jolies feuilles panachées, alors que c'est à leurs fleurs que les cultivars classiques doivent leur succès.

Au fil des années, on a réussi à rendre les bégonias de plus en plus fournis et florifères, si bien qu'aujourd'hui certaines de leurs variétés ressemblent à des feux d'artifice roses ou blancs. Ces plantes n'ont rien perdu de leur pouvoir de séduction, surtout si on les rassemble en très gros bouquets, même si parfois la masse de leur feuillage est disproportionnée par rapport à la quantité de fleurs qu'ils portent. Après la floraison, rien n'interdit de les rabattre de moitié et de les laisser se revigorer à l'abri des regards dans un endroit frais et ensoleillé, mais la plupart des gens préfèrent les jeter, car en intérieur, où l'éclairage laisse toujours un peu à désirer, ils ont tendance à prendre un aspect filiforme.

Les poinsettias et les chrysanthèmes du commerce proviennent généralement de bouturages annuels. Les jeunes plantes sont ensuite exposées à un éclairage intense en lumière artificielle qui les force à faire des fleurs. Sinon elles ne fleuriraient pas. Après quoi on les conserve à l'état nain en leur administrant des hormones inhibitrices de croissance. A supposer qu'on réussisse à les multiplier chez soi à partir de leurs boutures, on obtiendrait des spécimens gigantesques — jusqu'à deux mètres de hauteur — qui ne fleuriraient qu'à la fin de l'automne. S'il est de tradition que les poinsettias soient rouges, il en existe aussi des variétés à fleurs roses et d'autres à fleurs blanches, qui s'épanouissent avec beaucoup d'élégance. Ces fleurs sont en elles-mêmes minuscules, mais une collerette de grandes bractées colorées les entoure. Quant aux chrysanthèmes, on en commercialise de multiples variétés — simples, semi-doubles, doubles — et dans une vaste gamme de coloris. Les plus flatteurs restent les chrysanthèmes simples, dont la fleur évoque la marguerite.

Hôtes permanents de nombreux jardins, les hortensias n'ont qu'une vie brève quand on fait d'eux des plantes d'appartement car, à l'exemple des bulbes forcés, on les a « poussés » pour qu'ils fleurissent plus vite et de ce fait ils ne peuvent épanouir qu'une floraison unique.

Après quoi, l'alternative est simple : ou bien on les jette, ou bien on les replante dans le jardin, où ils reprendront de la vitalité et fleuriront chaque année, conformément à leur cycle normal.

On a depuis longtemps coutume de semer en été *Schizanthus papilionaceus*, ou orchidée du pauvre, pour le voir fleurir à la mauvaise saison dans la véranda ou le jardin d'hiver. Ses fleurs roses, blanches, violettes ou rouges, invariablement tachetées de jaune, semblent virevolter au-dessus de leur tige comme des papillons, rappelant en cela celles de l'orchidée. Certaines variétés naines de schizanthus sont épisodiquement vendues en pots lors de la floraison. Si vous les préférez de plus haute taille — jusqu'à un mètre —, vous devrez les acheter par semis. En dépit de son aspect exotique, l'orchidée du pauvre n'en est pas moins cousine de la pomme de terre, puisqu'elle appartient comme elle à la famille des solanacées, ainsi d'ailleurs que le browallia, lui aussi très répandu. Ses masses de fleurs bleues en forme d'étoiles vous réjouiront tout au long de l'été ou de l'hiver, selon que vous aurez semé au printemps ou en été. Comme l'orchidée du pauvre, le browallia compte différentes variétés — des naines aux géantes —, et certaines sont très décoratives si on les fait pousser dans des paniers suspendus.

L'ipomée, ou volubilis, est une annuelle grimpante qu'on peut acheter en plants chez la plupart des pépiniéristes. « La culture de l'ipomée est très simple et, eu égard à la beauté de cette plante, elle promet d'être aussi avantageuse que celle de tout ce qu'on peut bien cultiver », pouvait-on lire en 1911 dans un manuel anglais de jardinage. Et c'est tout à fait vrai. La plupart de ces magnifiques fleurs campanulées sont bleues, mais il en existe aussi de couleur blanche, écarlate, cramoisie et pourpre. Elles s'ouvrent toutes de bon matin, se referment dans la journée et se renouvellent tout au long de l'été.

La pervenche de Madagascar n'est pas à vrai dire une annuelle, mais on la traite d'ordinaire comme telle du fait que, passé le feu de sa prime jeunesse, sa beauté s'évanouit. Cette petite plante touffue produit du printemps à l'automne des fleurs étoilées roses, ou parfois blanches. Étant donné que leurs boutures prennent aisément racine, les plantes âgées peuvent en quelque sorte survivre indéfiniment à travers les nouvelles.

*Cobea scandens* doit être elle aussi traitée comme une annuelle exubérante et peu coûteuse. Au début du siècle, les rubriques de jardinage conseillaient de tirer parti de sa croissance rapide et généreuse en la plantant à proximité des massifs décoratifs de fougères pour l'ombrager durant l'été. On la coupait à l'automne — elle peut atteindre six mètres — pour laisser la lumière pénétrer dans

A DROITE : *si les poinsettias font songer aux fêtes de Noël, celui qu'on voit ici est suffisamment imposant pour que l'attention soit tout entière accaparée par la grâce de son feuillage et le bel ivoire de ses fleurs.*

CI-DESSOUS : *symphonie en vert et blanc : deux cyclamens, une pervenche de Madagascar, un lierre panaché et un* Ficus pumila *ornent cette cheminée blanche sur fond blanc.*

CI-DESSUS : *les plantes d'appartement qui ont la vie brève autorisent des effets ornementaux plus spectaculaires et n'exigent pas qu'on les entoure de soins aussi attentifs que celles qui vivent pendant de longues années. Ainsi, ces hortensias garderont tout leur charme tant que leurs fleurs resteront épanouies. Peu importe s'ils finissent ensuite au rebut.*

A DROITE : *les bégonias tubéreux sont les aubaines de l'été : ils coûtent peu cher, resplendissent d'un chaleureux éclat, et on les congédiera sans autre préavis en fin de saison. Ces grands hybrides en fleurs semblent avoir pris tant de distance par rapport à la nature qu'ils sont davantage à leur place sur cet appui de fenêtre que dans le jardin.*

la fougeraie, et au printemps suivant on la laissait de nouveau grimper jusqu'au plafond. De nos jours, on la cultive à partir de semis annuels pour ses grandes fleurs campanulées de couleur violette, dont les calices très évasés sont d'un vert ravissant et inhabituel.

## A CHAQUE SAISON SA MERVEILLE

Certaines plantes s'éclipsent pour une partie de l'année plus ou moins longue. Ceux qui possèdent une serre peuvent les y exiler durant toute leur période de repos, mais pour ceux qui n'ont pas cette chance, il ne reste plus qu'à se débarrasser d'elles... ou encore à s'en accommoder jusqu'à ce qu'elles se remettent à pousser l'année suivante.

Le cyclamen en est un excellent exemple. Conservez-le, et il vous récompensera en épanouissant une quarantaine ou une cinquantaine de fleurs pendant trois mois et même davantage. Le secret ? Garder la plante au frais, en milieu humide, l'arroser par le pied et laisser le bulbe sécher après la floraison. Ensuite, il convient de le conserver au sec tout au long de l'été, puis de le rempoter dans du compost frais et de l'arroser en augmentant progressivement la quantité d'eau pour inverser l'effet du séchage.

Les bégonias tubéreux se comportent de la même façon, à ceci près qu'ils fleurissent en été. Leurs fleurs, immenses, vernissées au point qu'on les dirait presque en plastique, sont rendues quelque peu irréelles par la symétrie et la perfection de leur forme. Si on prend à leur égard les mêmes précautions qu'avec les cyclamens — mais en asséchant les tubercules en automne, quand les feuilles commencent à jaunir, et en leur faisant reprendre leur activité dès le début du printemps —, les bégonias tubéreux vivront pendant plusieurs étés.

Plus connu sous le nom d'amaryllis, l'hippeastrum obéit à un cycle très particulier : son état de repos est rompu par l'érection d'une tige assez disgracieuse qui, à son tour, produit de somptueuses fleurs en forme de trompettes et des feuilles linéaires persistant jusqu'à la fin de l'été et disparaissant ensuite elles aussi. Mais il faut noter qu'une jeune amaryllis ne fleurira guère que pendant un mois dans l'année, et que les plantes plus âgées sont assez imprévisibles, car souvent elles produisent davantage de feuilles que de fleurs.

Bégonias tubéreux et amaryllis sont généralement vendus à l'état de repos (dans des pochettes sur lesquelles on les représente en pleine floraison, pour mieux attiser les convoitises), alors que le caladium, lui, n'est commercialisé que lorsqu'il est pourvu de ses feuilles. Ce sont en effet ses feuilles immenses et d'une extrême minceur qui lui donnent sa couleur et son intérêt ; elles ne sont présentes que durant le printemps et l'été, puis disparaissent pendant le reste de l'année. A la différence du cyclamen, du bégonia tubéreux et de l'amaryllis, le caladium, très capricieux, exige beaucoup de chaleur et d'humidité et ne supporte pas la moindre sécheresse. A moins de lui prodiguer un dévouement de tous les instants, on ne peut guère espérer de lui qu'il renouvelle ses fastes de façon répétitive.

La gracieuse et petite *Campanula isophylla*, dont les masses de fleurs blanches ou bleu étoilé débordent si souvent des pots et des paniers suspendus, a presque toutes les qualités des espèces vivaces et rustiques. Encore qu'elle ne résiste pas au gel, elle se comporte en effet comme les herbacées vivaces de jardin, dépérissant à la fin de la saison de pousse et repartant au printemps suivant. Mais, pour refleurir, elle doit impérativement se reposer pendant plusieurs mois dans un endroit frais.

Parmi les plantes rampantes fleurissant l'été, il faut citer les achimines dont les fleurs — roses, bleues, violettes, blanches, saumon, voire ocellées ou striées sur le limbe chez les variétés bicolores —, pour brève que soit leur durée d'existence, sont produites avec une extrême abondance. Les rhizomes qui donnent naissance à ces plantes ont besoin de repos complet pendant au moins six mois dans l'année.

Les bulbes forcés — jacinthes, tulipes, jonquilles, crocus — sont à mi-chemin entre les deux grandes catégories de plantes à fleurs, les vivaces et les annuelles. Les bulbes qu'on traite pour qu'ils fleurissent à Noël (c'est-à-dire avec une avance considérable par rapport à ceux qui poussent dans des conditions naturelles), et aussi les bulbes non traités, mais forcés à température élevée, seront épuisés à la fin de leur floraison. On ne peut pas les forcer deux fois. Aussi, quand leurs fleurs se fanent, convient-il soit de les replanter en

terre dans le jardin, où ils repartiront et refleuriront peut-être l'année suivante, soit de les jeter. Par contre, des bulbes qu'on aura forcés, mais sans excès, au frais (dans une véranda faiblement chauffée, par exemple), garderont leur beauté ornementale année après année. Plus doux aura été le forçage, et moins la plante aura été brutalisée. Mais dans tous les cas, sitôt passé la floraison, il faudra remettre les végétaux en pleine terre, de préférence à l'abri d'un châssis, puis les nourrir, les arroser et les laisser se reposer jusqu'à ce qu'ils soient prêts à repartir à la fin de l'hiver ou au début du printemps suivant.

De nombreux autres bulbes, oignons et tubercules beaucoup moins connus sont pourtant tout aussi dignes d'intérêt. *Gloriosa rothschildiana*, plante grimpante caduque à tubercules, forme de grandes et très belles fleurs rouge vif frangées de jaune qui, juchées à l'extrémité de leurs tiges, ont l'éclat des lis américains tigrés. On ne peut résister à la tentation quand on voit en image ces fleurs admirables sur un catalogue ou une pochette contenant un bulbe dormant. Mais il n'est pas facile de faire pousser cette plante tropicale d'origine africaine, du fait qu'elle exige de la chaleur, beaucoup d'humidité, et des conditions de nutrition et d'irrigation extrêmement strictes.

Les plantes de l'Afrique australe entrent fréquemment en sommeil pendant une période qui s'étend sur plusieurs mois de l'année pour répondre aux conditions saisonnières de chaleur et de sécheresse qui sont celles de leur pays natal. Citons à titre d'exemple *Haemanthus coccineus*, reconnaissable aux bractées voyantes qui entourent ses étamines écarlates, le vallota, qui fait penser à un hippeastrum à fleurs rouges, le veltheimia, qui forme de petites fleurs tubulaires et roses, ou encore le lachenalia, dont les fleurs tubulaires existent en des teintes variées — jaune, orangé, rouge, violet, vert —, voire polychromes.

L'hedychium, plante persistante, tendre et délicieusement parfumée, dont les fleurs ressemble à celles du chèvrefeuille, produit des fleurs jaune citron ou orangé et des feuilles, bien que certains horticulteurs en aient créé d'autres de couleur blanche, rouge ou crème, qui font songer à celles du cana. Après la floraison, il est indispensable de couper leurs tiges (elles peuvent atteindre jusqu'à un mètre cinquante), opération qui, bien sûr, ne s'impose pas avec les pousses qui n'ont pas encore fleuri à la fin de l'été et ne le feront qu'au printemps suivant.

## PLANTES ARCHITECTURALES

Il existe tout un groupe de plantes qu'on pourrait qualifier d'« architecturales » : celles que précisément les architectes d'intérieur chérissent, parce qu'elles s'intègrent aisément à la disposition d'une pièce ou, paradoxalement, parce que leur feuillage plumeux adoucit par contraste la sévérité des constructions modernes. La valeur ornementale de ces plantes tient beaucoup plus à leur qualité plastique et à la morphologie de leur feuillage qu'à leurs qualités florifères.

Monsteras, philodendrons et caoutchoucs figurent en bonne place dans les premières gravures illustrant l'apparition de l'architecture d'intérieur, laquelle tirait admirablement parti de la simplicité de leurs grandes feuilles. On donnait alors (et on donne toujours) autant d'importance aux dimensions d'une plante qu'à sa forme proprement dite. Et c'est pourquoi les arbustes d'appartement n'ont jamais cessé de recueillir tant de suffrages car, loin de faire fouillis, ils donnent du caractère à un intérieur et attirent le regard.

Les architectes d'intérieur et les décorateurs ont depuis longtemps conclu un pacte avec les palmiers. Convenons aussi que ces arbres, quand ils arrivent à survivre à l'extérieur en climat tempéré, ont plutôt l'air mal en point, alors que dans un appartement ils ont bien meilleure prestance, surtout s'il n'y a pas le chauffage central, qui est le pire ennemi des palmiers, qu'il s'agisse de *Chamaerops humilis*, de *Livistona chinensis,* du palmier-dattier, de *Rhapis excelsa*, de *Rhapis humilis,* de *Trachycarpus fortunei* ou de *Washingtonia filifera.* D'autres espèces comme *Caryota mitis, Caryota urens, Microcoelum weddellianum, Chamaedorea elegans,* le palmier kentia et *Chrysalidocarpus lutescens* sont moins intransigeantes, mais il reste que tous les palmiers préfèrent vivre dans une atmosphère de chaleur humide. Bien qu'ils se portent mieux s'ils bénéficient aussi d'un bon éclairement, ils s'accommodent relativement bien du manque d'ensoleillement, car dans la nature les jeunes sujets poussent à l'ombre des plantes avoisinantes et, tant qu'ils ne sont pas pleinement développés, l'excès de lumière directe les incommode.

La morphologie des cactées et des plantes grasses originaires des régions désertiques ne laisse pas de surprendre, encore que pour faire

CI-DESSUS : *la pousse en un seul jet de l'hippeastrum a quelque chose de fascinant. Acquérir la plante alors qu'elle porte déjà ses fleurs, c'est prendre le risque de ne pas la rapporter chez soi intacte... et aussi se priver du plaisir de la surprise.*

A GAUCHE : *des gravures reproduisant des planches de botanique, des tulipes forcées aux coloris variés et chaleureux, des poteries d'une simplicité dépouillée donnent le ton de ce décor savamment agencé, mais nullement maniéré.*

impression dans un intérieur la plante doive être de bonne taille. Or, les spécimens déjà grands coûtent fort cher, car ces espèces poussent très lentement. De plus, cactées et plantes grasses ne peuvent croître que si la luminosité est intense, et risquent de dépérir au moindre excès d'arrosage.

Les fougères, qui au contraire n'ont besoin que de relativement peu de lumière, sont tout autant « architecturales ». Comme les palmiers, elles se plaisent dans les pièces fraîches, sans chauffage central, et comme les cactées elles font d'autant plus d'effet qu'elles sont de plus grande taille. Un épiphyte probablement atypique des régions tempérées d'Australie, la corne d'élan, compte assurément parmi les plus spectaculaires. Sculpturale plutôt que gracieuse, la plante occupe beaucoup d'espace quand elle est adulte. Autre épiphyte de toute beauté : *Asplenium nidus,* grande fougère originaire des régions tropicales, et qui par là même a besoin de plus de chaleur et d'humidité que la précédente. Ses frondes disposées en une énorme couronne peuvent atteindre un mètre de longueur, bien que cela ne s'observe que très rarement chez les sujets de culture.

Au siècle dernier, toute demeure anglaise, digne de ce nom se devait d'accorder une place d'honneur aux fougères, plantes qu'on met tout particulièrement en valeur quand on les dispose sur un piédestal ou dans un panier suspendu, car alors leurs frondes inférieures peuvent se ployer et retomber avec grâce. Très décoratif est aussi cet adianthum relativement fugace connu sous l'appellation de cheveux de Vénus. Ses frondes sont d'une beauté et d'une délicatesse extrêmes, mais on ne peut guère le cultiver que dans l'atmosphère humide d'un terrarium.

Plante d'intérieur très prisée dont on peut tirer les meilleurs effets, l'asparagus est un lointain cousin des lis. Le plus répandu, *Asparagus sprengeri*, peut devenir immense et parfois même, à la surprise de son propriétaire, produire de petites baies rouges qui rappellent son appartenance à la famille des liliacées. Celui qu'on désigne d'ordinaire du nom d'asparagus des fleuristes, *Asparagus plumosus*, est un peu plus capricieux, mais d'une extrême finesse. Si vous en faites usage, enchevêtrez-le avec d'autres plantes : il les mettra en valeur.

*Asparagus densiflorus* 'Myers', ou *Asparagus myersii,* et *Asparagus falcatus* à épines falciformes vous dédommageront amplement l'un comme l'autre des efforts qu'il vous aura fallu fournir pour vous les procurer. Avec ses massives plumes

*Les plantes s'intègrent d'autant mieux dans un cadre architectural que leur morphologie est plus simple et leur taille plus massive. Des espèces comme celles-ci — philodendron, yucca et ficus — ajoutent au plaisir de séjourner dans une pièce, sans pour autant rivaliser avec les autres éléments du décor, ni non plus être une gêne pour les activités quotidiennes.*

vertes qui se ploient plutôt qu'elles ne s'étendent, le premier évoque une queue de renard (c'est d'ailleurs le nom qu'on lui donne en Angleterre). Le second, qui peut atteindre trois mètres de hauteur, doit être tuteuré si on ne dispose pas d'un espace suffisant pour qu'il puisse se courber et se développer librement.

Les plantes en rosette, autrement dit celles qui poussent concentriquement, séduisent tout naturellement par leur charme et leur symétrie, bien que certaines soient plus désordonnées que d'autres et semblent se déployer un peu au petit bonheur la chance. Parmi les broméliacées qui poussent en rosette, il faut citer *Aechmea fasciata,* l'ananas ornemental, *Billbergia nutans,* le guzmania, le tillandsia, *Vriesia splendens* et *Neoregelia carolinae.* Les spécimens de grande taille, toujours magnifiques, font encore plus d'effet quand ils sont placés de telle sorte qu'on les observe légèrement de haut en bas. D'une façon générale, il est indispensable de fournir à ces plantes une lumière vive, de la chaleur, un bac de faible capacité, peu de nourriture, et aussi de remplir d'eau en permanence le cœur de la rosette. Bien qu'il n'appartienne pas à la famille des broméliacées, l'agave se développe lui aussi en rosette. Il n'a pas besoin d'une irrigation aussi abondante, mais en revanche exige davantage d'ensoleillement direct.

Les plantes qui s'élèvent résolument à la verticale — aspidistra, sansevière, *Cyperus alternifolius* — ont une présence architecturale très affirmée. Mais, fréquemment, l'aspidistra et la sansevière sont traités en parents pauvres et relégués dans quelque recoin où ils s'empoussièrent, et leur image de marque en a injustement souffert.

## PLANTES GRIMPANTES ET RETOMBANTES

Quand on ne dispose que de très peu d'espace au sol, rien n'interdit de faire pousser chez soi des plantes grimpantes. A partir du moment où elles

PAGE DE GAUCHE : *l'effet décoratif de ces quatre cocotiers est beaucoup plus prononcé que si on les regroupait en un seul massif.*

CI-CONTRE : *l'effet sculptural de la corne d'élan ne peut que susciter la curiosité, et un sujet de grande taille comme celui-ci devient obligatoirement point de mire.*

CI-DESSUS : *l'asparagus est fort répandu, et il mérite bien sa popularité. On peut se procurer partout des asparagus de toute forme et de toute taille, tous aussi accommodants et séduisants les uns que les autres.*

A DROITE : *ce rideau de philodendrons disposé en hauteur et dans lequel s'incorporent quelques tiges de fleurs de la Passion rend imprécise, et de manière très harmonieuse, la frontière séparant la pièce de l'extérieur. Sur un plan purement pratique, les végétaux ne gênent en rien le passage, et il est tout simple de sectionner ou d'attacher leurs excroissances intempestives.*

ne gênent pas le passage, tout en restant suffisamment accessibles pour qu'on les soigne, elles adouciront l'austérité d'une pièce, ou encore la cloisonneront sans pour autant l'encombrer. Par ailleurs, on peut fort bien faire pousser dans des paniers suspendus certaines espèces qui, par leur souplesse, sont naturellement gracieuses : des épiphytes, par exemple, qui, dans leur habitat d'origine, s'accrochent aux branches et aux troncs des arbres des forêts, ou encore de nombreuses variétés de broméliacées, d'orchidées et de fougères qui, par leur mode de vie, se comportent en épiphytes. On peut tout aussi avantageusement garnir des paniers suspendus de plantes rampantes, bien qu'il soit préférable, du fait que ces espèces poussent vite et deviennent parfois très volumineuses, de les faire grimper le long de tuteurs, de fils de fer, ou de les palisser sur un treillage.

Les plantes pour paniers suspendus ont de tout temps été en vogue pour la bonne raison qu'elles tolèrent un brin de négligence et croissent dans à peu près toutes les conditions. En tête vient le chlorophytum, talonné par les différentes variétés de l'asparagus, tout aussi belles et résistantes. Le plus commun est *Asparagus densiflorus* 'Sprengeri', mais *Asparagus densiflorus* 'Myers' a le même charme. La variété d'asparagus que (faute de mieux) les fleuristes utilisent d'ordinaire pour son feuillage ferait elle aussi très bel effet dans des paniers suspendus, bien qu'elle développe des tiges grimpantes longues. Décorative aussi est la misère (tradescantia ou zebrina), seule ou associée à d'autres espèces dans les paniers. Mais ses tiges nécessitent de fréquents pincements si on veut éviter que ce végétal à croissance rapide ne s'éclaircisse ou ne se dégarnisse du pied.

Il est en revanche plus hasardeux de faire pousser dans un panier suspendu *Ficus pumila* ou *Isolepis gracilis,* car l'un comme l'autre exigent des arrosages très minutieux : si le premier ne survit pas à la sécheresse, le second, lui, doit vivre en permanence dans une atmosphère humide quand la température dépasse 13 , et au contraire dans une atmosphère presque sèche quand le thermomètre tombe au-dessous de cette température.

De nombreuses espèces à exubérantes trouvent parfaitement leur place dans un panier suspendu. Comme la misère déjà mentionnée, la saxifrage et le tolmeia sont à cet égard particulièrement indiqués. Les rejetons de la saxifrage se forment au bout de ses stolons, alors que ceux du tolmeia poussent à la face supérieure de ses feuilles, à la

CI-DESSUS : *encore un rideau fait de feuillages de philodendrons et cette fois dans le cadre plus classique d'un salon. Les plantes adoucissent et humanisent la sévérité de l'architecture moderne, mais encore convient-il de ménager un juste équilibre entre végétaux et éléments d'intérieur.*

jonction du pétiole et de la tige. De la même façon, le très aristocratique *Asplenium bulbiferum* porte ses jeunes pousses à la surface de ses frondes. Mais il convient de se rappeler que ces trois dernières plantes quasi vivaces ont besoin, pour subsister, des basses températures de l'hiver.

*Ceropegia woodii* est une plante rampante à souche tubéreuse qui adore le soleil et produit tout au long de ses rameaux non pas des plantules, mais des bulbilles. *Sedum morgamanum*, qui trouve lui aussi sa place dans des paniers suspendus exposés au grand soleil, a un mode de reproduction très inhabituel : ses feuilles charnues d'un beau gris-vert se dissocient aisément des tiges rampantes, et si elles chutent sur une terre qui leur convient, elles s'y enracinent.

Le minuscule *Hoya carnosa* convient beaucoup mieux aux paniers suspendus que l'hoya ordinaire, qui prend davantage de naturel quand on guide vers le haut ses tiges sarmenteuses en les attachant, de préférence à du treillis ou du fil de fer plutôt qu'autour d'un arceau. Il en va de même avec le stéphanotis et le jasmin. De ces trois plantes grimpantes à fleurs odorantes, le stéphanotis est le plus capricieux : il demande en effet des températures plus élevées, davantage d'humidité, et ne supporte pas des écarts thermiques aussi accusés que les deux autres. De plus, il est indispensable de l'abriter des rayons solaires, alors que le hoya et le jasmin fleurissent plus abondamment en plein soleil.

La bougainvillée, la fleur de la Passion et le plumbago semblent avoir peu de choses en commun ; pourtant, ces trois plantes de semis présentent à l'examen les mêmes qualités et les mêmes défauts : toutes forment des fleurs magnifiques et ont un pouvoir en quelque sorte hypnotique quand elles sont adultes, alors que leur feuillage est plutôt banal et que leur mode de croissance n'a rien pour séduire. Et comme toutes les trois ont besoin pour fleurir d'être exposées au grand soleil et de se reposer dans un endroit frais durant l'hiver, passé le faste de leur floraison, elles cessent d'avoir beaucoup d'attraits dans un intérieur. Mais elles font très bonne figure quand elles peuvent prendre leurs aises et profiter du soleil dans une véranda ou un jardin d'hiver.

Si certaines plantes grimpantes non florifères, mais plus robustes — le lierre, à quelque variété qu'il appartienne, *Cissus rhombifolia, Cissus antartica,* les lianes telles que *Scindapsus aureus* ou *Scindapsus pictus* 'Argyraeus', *Philodendron scandens*, le pépéromia panaché — n'ont pas la présence d'espèces plus exotiques, elles présentent en revanche l'avantage de se porter fort bien dans les conditions écologiques les plus médiocres.

A mi-chemin entre les plantes grimpantes et celles qui se tiennent érigées d'elles-mêmes, citons le fatshedera (un hybride du lierre et du fatsia), le monstera et divers philodendrons qui, eux, ne fleurissent pas, mais ont l'avantage d'être accommodants et tout à fait à leur place dans le décor. Le fatshedera, qui n'a pas hérité du lierre sa capacité de développer des racines aériennes, doit être impérativement fixé à un support, alors que le monstera et les philodendrons produisent des racines aériennes et peuvent être simplement guidés par des tuteurs garnis de mousse, ou encore palissés.

Aucune des plantes que nous allons maintenant mentionner n'est très répandue ni ne pousse dans une pièce dont l'atmosphère est surchauffée ou asséchée par le chauffage central. Mais toutes sont ravissantes et méritent amplement qu'on les cultive si on dispose d'une véranda ou d'une serre fraîche et ensoleillée.

*Lapageria rosea* est une liane grimpante de grande taille, pourvue de vrilles, toujours verte, et qui développe des feuilles lancéolées et de grandes fleurs charnues habituellement pourpres en forme de cloches d'une exquise beauté, lesquelles pendent en grappes durant une bonne partie de l'été et de l'automne et peuvent garder leur éclat pendant un mois et même davantage après avoir été coupées. *Clianthus puniceus,* plante grimpante de la famille des légumineuses, forme de jolies feuilles pennées et, dès le début de l'été, des fleurs écarlates en forme de pinces de homard. Mais si elle n'est pas fixée à une claustra ou un treillage, elle se comportera comme le jasmin (qui, lui, fleurit en hiver) et se répandra sur le sol en un tas informe. Il arrive aussi, mais rarement, que *Lapageria rosea* et *Clianthus puniceus* se parent de fleurs blanches plus délicates et de meilleur goût que les fleurs habituelles, mais les plantes y perdent alors un peu de leur exotique beauté. Les fleurs blanches de *Trachelospermum jasminoides* et de *Mandevilla suavolens* exhalent un parfum capiteux. L'une comme l'autre sont des apocynacées, proches parentes des pervenches. Notons que la première a pour qualité de rester toujours verte, alors que la seconde est une plante à feuillage caduc.

*Ici, un tolmeia juché sur une console sculpturale fait pleinement honneur à ce décor géométrique dépouillé. Mais cette humble plante serait tout autant à sa place dans un panier suspendu et un intérieur moins austère. Elle est par ailleurs assez robuste pour déployer sur le sol d'un jardin bien abrité un tapis végétal très dense.*

# DU BON USAGE DES FLEURS

*Les fleurs sont depuis si longtemps symboles d'hospitalité qu'on n'imagine plus une réception sans elles. De la même façon, la composition florale s'est tant institutionnalisée que la beauté intrinsèque d'une fleur en vient à s'effacer devant le formalisme et le conventionnel. Élevées par vos soins ou par ceux de l'horticulteur, gratuites ou hors de prix, les fleurs vous offrent plus d'une occasion de redécouvrir leur personnalité.*

Les fleurs coupées devraient toujours avoir de l'éclat et ne jamais intimider ni lasser. Un bouquet mélangé de fleurs qu'on vient de cueillir au jardin et qu'on dépose telles quelles dans un vase, sans rechercher le moindre effet d'harmonie des couleurs ou de composition, apporte dans la maison une note apaisante. Mais que ceux qui n'ont pas de jardin ne se lamentent pas pour autant : une douzaine de narcisses achetée dans la rue ou dans une boutique et arrangée dans un modeste pichet de verre aura le charme tout simple des fleurs cueillies en pleine terre, et un bouquet de violettes ou de perce-neige est infiniment plus agréable qu'une ruineuse et somptueuse corbeille d'apparat due à l'art du fleuriste. Quoi qu'il en soit, les compositions florales grandioses et recherchées prennent d'ordinaire un caractère solennel et ne font pas toujours oublier qu'elles sont avant tout d'ostentatoires démonstrations d'opulence. Et si les gerbes moins ambitieuses le cèdent quelque peu aux précédentes en faste, elles n'en gardent pas moins leurs distances par rapport à la nature et à celui qui les admire.

## LE BON CHOIX

Avec certaines fleurs, il est quasiment impossible de commettre une faute de goût, qu'elles soient disposées en solitaire ou en bouquets. Bien qu'en règle générale on leur assigne le rôle de garniture, quelques tiges de *Gypsophile pamiculater* composent un délicat nuage blanc dont les minuscules fleurs infirment le préjugé selon lequel « rien n'est beau que le grand ».

Avec l'arum, le succes est tout autant garanti. Splendide en lui-même, on en fit naguère le symbole de l'art nouveau, et il trouve aussi bien sa place dans un appartement moderne que dans un intérieur rétro. Quant à la fleur de l'anthurium, superbe elle aussi, ses spathes de couleur blanche, rose, saumon ou rouge et un long épi central lui donnent un petit air bizarre et excentrique.

Il n'existe pas de lis qui soit dépourvu de grâce, et les horticulteurs n'ont pas encore réussi à en créer des variétés affligées de gigantisme ou de couleurs criardes (*Lilium superbum,* ou lis américain, néanmoins, dégage une odeur entêtante que beaucoup trouvent désagréable). Disposez dans un vase une tige unique de lis, ou encore une gerbe composée en partie de fleurs en boutons, de fleurs à demi ouvertes et de fleurs pleinement épanouies. Certains lis vendus à l'unité peuvent atteindre des prix astronomiques, au point qu'une douzaine coûte aisément le prix d'une corbeille de luxe, mais dans tous les cas ces fleurs affirmeront avec éclat leur sereine beauté.

*Comme les plantes d'appartement, les fleurs coupées doivent à la fois rendre un intérieur accueillant et s'accorder avec l'ambiance et le cachet qui lui sont propres.*

Un grand nombre de fleurs d'une même espèce fait immanquablement de l'effet. Une, deux, trois et même quatre douzaines de tulipes rouges auront bien plus de présence dans une pièce uniformément blanche que n'en aurait un bouquet mélangé comme en composent les fleuristes.

En avance ou non sur leur période normale de maturité, les fleurs de saison sont toujours bienvenues. Prélevées sur l'arbuste au début de l'éclosion, de grandes branches de cognassier, de forsythia, de groseillier à fleurs, de viburnum, de lilas ou de deutzia peuvent aisément achever leur floraison de façon progressive dans un intérieur. Elles ne requièrent aucun accessoire, sinon un récipient stable et très simple. Placées devant une paroi de teinte claire, elles revêtiront, modestes et somptueuses, un caractère architectural. Les rameaux de fruitiers provenant de la taille peuvent très bien connaître une seconde jeunesse dans la maison, où ils fleuriront durant des semaines. Mais là encore, comme avec les arbres et les arbustes d'intérieur forcés, assurez-vous de la présence bien visible de bourgeons à fleurs si vous ne voulez pas voir vos rameaux se couvrir exclusivement de feuillage.

A l'égal du pain, que l'on fait soi-même, vous priserez davantage les fleurs cultivées par vos soins du fait qu'elles refléteront fidèlement vos goûts et seront d'une absolue fraîcheur. La palette des variétés qui croîtront dans votre jardin sera peut-être plus limitée que l'échantillonnage standard des fleuristes, mais vos fleurs vous suggéreront des idées de décoration plus personnelles et frapperont davantage vos invités.

CI-CONTRE : *tout le charme de ce massif composé de tulipes blanches, de chrysanthèmes en boutons et de lierre panaché tient à ce qu'il trouve asile sous, et non pas sur, la table de verre.*

PAGE DE DROITE : *asters et anémones du Japon font oublier la hauteur excessive des glaïeuls, dont ils compensent la rigidité naturelle par leur exubérance un peu échevelée.*

SONY VIDEO CASSETTE L-750
SONY VIDEO CASSETTE L-500
L-750 SONY
SONY VIDEO CASSETTE L-750

Des feuillages provenant d'un jardin de superficie moyenne, ou encore des rameaux de pommier sauvage, d'églantier ou de fusain dépourvus de feuilles, mais portant de nombreux fruits, peuvent eux aussi donner prétexte à de multiples arrangements décoratifs peu communs. Les mieux réussis sont bien entendu ceux qui s'inspirent de la production saisonnière. Au début du printemps, les premiers boutons de roses seront en excellente compagnie au milieu de myosotis, d'œillets de poète et d'ornithogales. En plein été, remplissez généreusement vos vases et vos coupes de roses seules. Quant aux roses tardives de novembre, donnez-leur pour asile un vase de taille modeste qu'elles partageront avec quelques brins de houx chargés de leurs baies, auxquels vous adjoindrez une tige de monnaie du pape dont les siliques d'une extrême minceur agrémenteront l'ensemble. Au lieu de regrouper six fleurs d'une espèce quelconque, mélangez plutôt dans un même bouquet deux douzaines de fleurs d'une même espèce, une douzaine ou deux d'une autre espèce et trois ou quatre douzaines d'une troisième espèce, et inversez les proportions la semaine suivante.

Depuis quelque temps, certains fleuristes audacieux augmentent leur approvisionnement en se fournissant auprès de jardiniers amateurs en fleurs de pleine terre et en feuillages. Un simple petit bouquet de cette provenance enrobé de feuilles d'hosta coûte souvent cher mais vaut amplement la dépense.

Les fleurs et les graminées des champs, voire les herbes folles, ont parfois autant d'attrait que les espèces qu'on cultive et peuvent admirablement mettre en valeur les spécimens issus des souches les plus aristocratiques. Ainsi, de très dignes et très hautaines roses à longues tiges deviendront plus accueillantes et plus gaies si on les entoure d'épis d'orge sauvage. De la même façon, le sempiternel chrysanthème double aura davantage l'air d'une relation de fraîche date si on lui adjoint quelques branches de ronces en fleurs ou en fruits. Mais avant de cueillir des fleurs sauvages ou des mauvaises herbes, prenez la précaution d'en demander la permission au propriétaire du terrain. Et sachez aussi que certaines espèces sont protégées et qu'il est illégal d'en ramasser la graine, de les arracher ou de les cueillir.

A GAUCHE : *une parfaite intégration de formes naturelles dans un décor ultramoderne. Ces feuilles d'hosta — infiniment plus belles que les fleurs de la même plante — et ces alliums ornementaux n'ont pas la moindre raison de se sentir déplacés dans cet intérieur résolument fonctionnel, où des fleurs n'auraient pas leur raison d'être.*

CI-DESSUS : *ici, d'imposants rameaux de forsythia ainsi que des branches de laurier et d'amandier voisinent avec des tulipes jaunes. De cette harmonieuse complémentarité entre le jardin et la boutique du fleuriste résulte un hymne au printemps simple et chaleureux comme le feu dans la cheminée, à côté.*

## BOUQUETS ORIGINAUX ET BON MARCHE

Le problème principal en matière de décoration florale consiste à combattre l'omniprésence de ces bouquets de fleuriste sans fantaisie, qui semblent voués à ne jamais rien contenir d'autre que des chrysanthèmes, des œillets, des iris, des roses et des glaïeuls, de même taille, de même forme et de même coloris, mois après mois, comme si on les fabriquait à la chaîne au lieu de les cultiver. Cela dit, mieux vaut tout de même avoir ces fleurs chez soi que de ne pas en avoir du tout, et il y a bien des façons d'embellir un peu ce qu'on trouve, la première consistant à dissocier un bouquet passe-partout et à répartir les fleurs qui le composent entre autant de vases qu'il existe d'espèces dans le bouquet.

Un grand vase cylindrique contenant deux ou trois tiges de glaïeuls blancs retirés d'une gerbe composée aura toujours beaucoup plus d'élégance. On peut également faire sortir ces mêmes glaïeuls de leur anonymat en les mettant en présence de compagnons inhabituels : des rameaux d'aubépine chargés de baies, des branches de pin ou de mélèze, ou encore des touffes de fougère d'automne. Toutes les autres fleurs contenues dans un bouquet mixte peuvent être secourues et traitées de la même façon, soit en les isolant des autres pour les mettre en valeur, soit en les intégrant à un groupe occasionnel de comparses plus revigorants. En hiver, des chrysanthèmes, des œillets ou des roses de couleur blanche feront très bon ménage avec des branches de cornouiller à écorce rouge ou de saule à écorce pourpre, et des œillets ou des roses rouges avec du houx vert sombre, ou encore des chrysanthèmes pastel avec des rameaux de hêtre aux couleurs d'automne et du feuillage de fustet.

Si vous ne disposez pas d'autre choix de feuillage que celui de votre fleuriste achetez des rameaux d'eucalyptus ou de pittosporum en grande quantité. L'un comme l'autre sont relativement coûteux, mais ils durent longtemps, et on peut les réemployer mainte et mainte fois. Un seul rameau ne vous servirait pas à grand-chose : tout au mieux pourriez-vous le traiter comme une rose rouge unique en le déposant dans un vase uniflore à long col, ce qui l'avantagerait bien plus qu'une présence tout à fait symbolique au milieu d'un

bouquet mixte, où il passerait à peu près inaperçu.

Plaie d'argent n'excuse pas qu'on se prive totalement de fleurs. Aux rayons fruits et légumes des supermarchés, on trouve fréquemment du nasturtium, dont les corolles sont d'un écarlate ou d'un jaune orangé plein d'éclat. Ces fleurs servent ordinairement de garnitures, mais elles prennent aussi un aspect ravissant quand elles flottent dans une coupe de verre. Vous voilà donc en possession d'un magnifique centre de table pour le prix modique d'une laitue. Pour presque rien, vous pourrez acquérir des feuilles de carottes aux allures de fougère d'un beau vert printanier. Et puis, vos propres plantes d'intérieur vous procureront elles aussi de la verdure. La zebrina et le bégonia, par exemple, qui l'une comme l'autre poussent très vite, ne s'en porteront que mieux si vous les taillez quand ils sont dégarnis du pied. Vous ajouterez ainsi leur feuillage à un bouquet. En outre, nombre de rameaux taillés forment des racines quand on les immerge, de sorte que vous pourrez les empoter après qu'ils auront joué leur rôle décoratif. *Cyperus alternifolius* a pour propriété de croître aussi bien dans l'eau pure que dans le compost : achetez-en un que vous ferez pousser dans un récipient étanche à col largement évasé et vous disposerez d'un décor naturel permanent qui pourra donner provisoirement asile à des fleurs de passage.

## FLEURS SECHEES

Bien que les fleurs séchées soient à proprement parler des organismes morts, elles conservent une bonne part du charme et du pouvoir de séduction qui étaient les leurs du temps de leur vivant. Théoriquement, on devrait pouvoir les conserver indéfiniment, mais en réalité elles moisissent à l'humidité et passent quand on les expose au grand soleil. Enfin, elles sont fragiles et il convient de les traiter avec beaucoup de délicatesse.

Les coloris des fleurs séchées sont plus doux que ceux des fleurs naturelles ou artificielles : les verts virent le plus souvent au gris, au beige, à l'argenté, au brun roux, au marron et, à de rares

PAGE DE GAUCHE : *des ipomées sont le clou de cette représentation qui, reconnaissons-le, sera brève mais somptueuse. Sans souci du protocole ou de leur origine, giroflées, pyrèthres, arctotis, acanthes et feuillages du jardin se font complices pour donner un spectacle d'un beauté féerique.*

CI-DESSUS : *l'essentiel de cette extraordinaire composition est fourni par des branches taillées qu'on aurait normalement dû faire brûler avec les feuilles mortes ou jeter à la poubelle. Sur ce fond de rameaux ligneux, les délicates renoncules sont admirablement mises en valeur et semblent encore plus graciles. Quelques baies de viburnum rappellent discrètement la proximité du jardin en hiver, tandis que les tiges d'euphorbe équilibrent l'ensemble de la composition.*

CI-CONTRE : *n'oubliez pas qu'avec vos plantes d'intérieur vous avez sous la main des feuillages originaux qui rehausseront l'éclat de vos fleurs coupées. Ici, des feuilles de cyperus en forme de parasol s'allient à des anémones de Caen, du laurier-palme et aux capsules vertes et joufflues de la stramoine pour composer cet élément de décor un peu austère, qui convient parfaitement à un intérieur moderne.*

exceptions près — le jaune éclatant de l'achillée, par exemple —, les tons ont uniformément tendance à s'estomper. C'est dire qu'un bouquet de fleurs séchées rend un effet de camaïeu qui serait totalement absent si on regroupait ces mêmes plantes alors qu'elles sont fraîches. Dans un intérieur, les fleurs séchées entrent donc en parfaite harmonie avec les matériaux naturels et les coloris neutres.

Si l'habitude de teindre les fleurs fraîches est aujourd'hui passée de mode, il arrive encore qu'on colore les fleurs séchées. La gamme des tons s'échelonne du pastel le plus doux aux teintes les plus agressives. Le résultat est plus ou moins heureux, mais disons que d'une façon générale plus le coloris est violent et moins la plante semble naturelle, surtout quand le pigment pénètre indistinctement les fleurs et les tiges. Et si, d'autre part, on obtient des teintes parfaitement naturelles en faisant sécher des fleurs dans le sable, le gel de silice ou le borax, on les soumet alors à un processus de momification qui les rend très vulnérables à la moindre trace d'humidité atmosphérique, et pour les conserver intactes, il faut les emprisonner dans des coupoles de verre ou de matière plastique totalement étanches, de sorte qu'elles ressemblent un peu à des spécimens de musée. Il est donc infiniment préférable d'en choisir qui aient séché au grand air et qui gardent une bien meilleure apparence de vie.

Parce qu'on fait sécher en règle générale les fleurs en les pendant la tête en bas, leurs tiges prennent la raideur de baguettes de tambour. Le feuillage pressé sous un objet lourd pendant le séchage manque lui aussi de grâce, bien qu'un traitement à la glycérine lui conserve un peu de sa forme naturelle. On peut tirer de cette rigidité des effets décoratifs tridimensionnels en créant sur un ou plusieurs niveaux des structures géométriques faites de massifs d'une même couleur. Une ziggourat de fleurs séchées n'aura certes pas la prétention de passer pour naturelle, mais fera néanmoins bel effet. De même qu'on peut très bien fixer des têtes de fleurs séchées à l'extrémité de tiges métalliques gracieusement ployées qu'on garnira ensuite pour les camoufler ; ou encore faire oublier la raideur des tiges séchées en les entourant d'herbes et de fragments de végétaux traités à la glycérine et ayant conservé leurs courbures naturelles. En revanche, chercher à obtenir un effet d'éclatement en faisant diverger à partir d'un même point des tiges rigides équidistantes donne d'ordinaire un résultat peu convaincant.

Les fleurs séchées, à l'exemple des fraîches, sont souvent commercialisées en bouquets mixtes dépourvus de fantaisie et mêlant par exemple diverses nuances de lavande et d'immortelles ; ou encore sous forme de lanternes chinoises, d'achillées, d'herbes des pampas et de joncs. Mais il ne faut guère s'attendre à rapporter du jardin, de la campagne ou de quelque terrain vague grand-chose qu'on puisse sécher, si ce n'est la tête de certaines plantes comme le rumex, l'oseille, le chardon à foulon, la digitale ou la clématite sauvage. En revanche, des rameaux d'aulne, de noisetier ou de mélèze, avec leurs jolis chatons ou cônes, garniront et embelliront une gerbe de fleurs séchées. Rien ne vous interdit non plus de vous servir de branches pour créer de toutes pièces un « arbre » de fleurs séchées, auquel vous donnerez la forme et les dimensions de votre goût.

Si c'est dans un ustensile fait d'un matériau léger — panier d'osier, van de jonc tressé, corbeille de bambou — que vous disposez des fleurs séchées, qui elles-mêmes ne pèsent presque rien, placez-le dans un endroit où personne ne risque de le heurter au passage. Et si le même ustensile est très léger, prenez la précaution de le remplir en partie de billes ou de cailloux pour le stabiliser.

Souvent mises à l'écart ou répudiées dès l'instant où apparaissent dans les boutiques les premières jonquilles, les fleurs séchées, elles, ont le mérite d'être là en permanence, et c'est généralement pourquoi on les néglige. Examinez de temps en temps les vôtres pour vous assurer que certaines tiges ne sont pas brisées, qu'il ne manque aucune fleur à vos bouquets, ou que ces derniers ne sont pas clairsemés (surtout si la maisonnée compte des enfants). N'oubliez pas non plus de les dépoussiérer et songez à modifier leur composition de temps à autre en leur adjoignant de nouvelles compagnes pour les rajeunir.

*Avec cette profusion de fleurs séchées, nous sommes loin de l'habituelle indigence des achillées jaune vif et des fleurs de lavande rose passé. Consacrez vous aussi aux fleurs séchées toute l'imagination et la fantaisie qu'elles méritent.*

*Un astucieux décor en double trompe l'œil. Juxtaposés, cette fausse perspective et ces fausses fleurs d'hydrangea créent admirablement une illusion de profondeur. User timidement des fleurs artificielles, c'est inéluctablement courir à l'échec. Utilisez-les avec discernement, voire avec insolence ; alors, elles se surpasseront et feront oublier qu'elles sortent tout droit de l'usine.*

**Les tulipes sortent de terre**

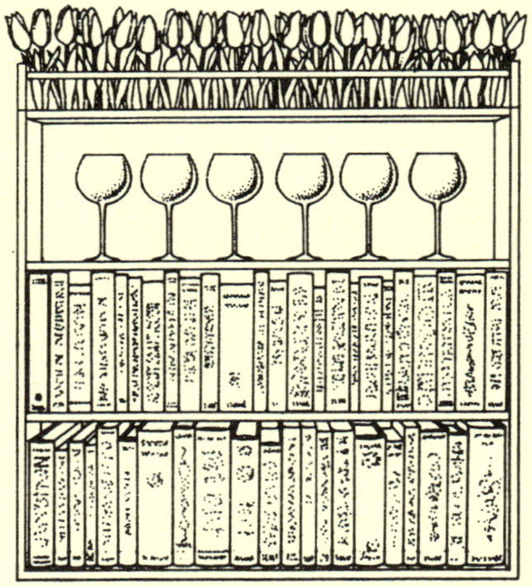

*Certaines tulipes artificielles paraissent si vraies qu'elles méritent amplement d'occuper le devant de la scène. Cette petite bibliothèque supporte un « carré » de tulipes perpétuellement épanouies. Plus les fleurs sont serrées, plus frappant sera l'effet décoratif.*

De grandes coupes de fleurs séchées feront flotter leurs discrètes senteurs en même temps qu'elles égaieront votre intérieur de leurs couleurs tendres. Essayez d'en disposer dans un bocal de verre, en dégradé, qui soient de différentes nuances d'un même coloris. Les corolles y perdront bien sûr leur individualité, mais l'aspect un peu vieillot de l'ensemble séduira l'œil par son charme subtil.

## FLEURS ARTIFICIELLES

Voilà déjà bien des années qu'un industriel américain eut l'idée de distribuer des roses rouges à longues tiges, entièrement faites de matière plastique, avec ses paquets de détergent. Toutes les fleurs étaient strictement identiques : même couleur crue que n'adoucissait la présence d'aucune demi-teinte, même épaisseur des pétales, même longueur des tiges, qui toutes portaient aux mêmes emplacements les mêmes épines et les mêmes feuilles — deux, très exactement, collées à chaud sur chaque tige. Depuis ces débuts modestes, pour ne pas dire humiliants, les fleurs artificielles ont fait bien du chemin.

Du fait qu'elles ont pour vocation (dans la majorité des cas) de se substituer à de vraies fleurs, il s'ensuit qu'on les traite bien souvent pour telles, au risque de retomber dans les mêmes erreurs, c'est-à-dire de les disposer conformément à des règles ornementales tout aussi désastreuses, insipides et dépourvues d'imagination.

Si l'arrangement des fleurs naturelles s'accommode fort bien d'un soupçon de désinvolture et de fantaisie, cette dérogation à la règle devient nécessité absolue avec les fleurs artificielles. Un grand panier d'osier rempli d'une brassée de forsythias en fleur, une douzaine de tulipes, d'iris ou de jonquilles dans un vase ou une carafe de verre, un bocal transparent garni de grappes de delphiniums surprendront par leur simplicité et par la fraîcheur que peuvent introduire dans un intérieur des fleurs artificielles. Forsythias et delphiniums d'imitation feraient d'ailleurs autant d'effet si on les disposait dans un vase sur le plancher.

Le résultat d'un mélange de fleurs artificielles est plus incertain, car les alliances qui sont de mises avec les fleurs naturelles sont souvent fâcheuses. D'autre part, certains mariages impensables dans la nature — roses de Noël et lilas, par exemple — risquent d'ahurir le jardinier soucieux de respecter le rythme des saisons et d'indigner le puriste ; alors que les hardiesses de la nouvelle cuisine (magrets de canard et purée de framboises) ou de la décoration d'intérieur (mobilier tubulaire et tapis d'Iran) sont aussi surprenantes. Le tout est de rester dans le bon ton.

Bien que les tiges artificielles soient plus robustes que les naturelles, ce sont elles qui font qu'au premier coup d'œil « on ne peut pas y croire ». Car si les fleurs elles-mêmes sont restituées avec fidélité jusque dans leurs moindres détails, les fabricants ne font aucun effort pour essayer de reproduire les nuances et la texture qui distinguent les tiges végétales les unes des autres. Mieux vaut donc décapiter quelques douzaines de fleurs artificielles pour n'en conserver que les corolles et arranger ensuite celles-ci dans une coupe de verre en cercles concentriques de différentes couleurs, à la façon d'une cocarde, ou bien par bandes, en harmonisant les coloris avec ceux de la pièce. On peut encore déposer sur une table un panier de jardin garni de « fleurs fraîchement cueillies » dont on escamotera les tiges et qu'on remplacera de temps en temps afin d'avoir toujours sous les yeux des « fleurs de saison ».

On peut aisément mélanger aussi à du vrai feuillage des fleurs artificielles montées sur des tiges de plastique ou de métal inoxydable : fausses pivoines et vrai houx ; faux lupins massés au milieu de vrais rameaux d'eucalyptus ; faux lis tigrés jaune orangé et vrai seringat à feuilles dorées ; fausses marguerites au milieu d'une masse de vrai pittosporum ; faux chrysanthèmes tête de nègre et *Cytisus battandieri* à feuillage argenté ; faux lilas blanc et hêtre cuivré. Le mélange doit être de proportions généreuses, mais rester simple. Fleurs et feuillages artificiels ne s'excluent pas en principe les uns les autres, bien que ces derniers révèlent immédiatement leur véritable nature. Du feuillage naturel traité ferait mieux l'affaire : faux dahlias orangés et fougères séchées ; fausses jacinthes bleu pâle et rameaux de mahonia traités ; faux agapanthe et feuilles de *Magnolia grandiflora* traitées ; fausses branches de cerisier dans une brassée de graminées sèches.

Ne craignez pas de faire un peu de provocation quand vous faites appel à la flore artificielle, car après tout, ne commande-t-elle pas, de par sa nature même, des attitudes qui sortent de l'ordinaire ? L'étagère supérieure d'une bibliothèque peut très bien supporter un « carré » de tulipes « plantées » en rangs serrés, et le cadre d'un tableau servir de support à un lierre de fantaisie. Plus la fausse végétation sera dense et mieux cela vaudra. N'hésitez pas non plus à disposer une frise de mimosa d'imitation au-dessus d'une porte de véranda ou d'un miroir de salle de bains si cette dernière est sombre et sinistre, ou encore à pendre de petits bouquets de violettes aux étagères de la cuisine.

## LE CADRE

Certains intérieurs ont une personnalité bien à eux, ou sont meublés dans le style d'une époque avec lequel certaines fleurs s'accordent particulièrement : un modeste bouquet du jardin dans une demeure campagnarde, des chrysanthèmes à longs pétales — le pyrèthre de Dalmatie, par exemple — dans une chambre de style mauresque, ou encore une austère branche d'*Eryngium maritimum* d'un bleu acier dans un intérieur moderne. De telles associations ne peuvent choquer l'œil. Mais il est aussi passionnant de rechercher l'effet d'emphase ou de contraste. Encore convient-il de ne le faire qu'avec discernement.

Plus on ménage d'espace libre autour d'un arrangement floral, et plus le résultat est spectaculaire. Mais les fleurs peuvent aussi jouer le rôle de comparses dans un décor dont les éléments dominants ne sont pas de nature florale : ainsi, une collection de vieux flacons reprendra vie si un ou deux d'entre eux contiennent des fleurs fraîches. Un vase de fleurs déposé à même le sol attirera toujours l'attention. Mais là encore, veillez à ce qu'il soit stable, assez volumineux pour qu'on le voie, et placez-le à l'écart du passage. S'il est presque de rigueur d'orner de fleurs un centre de table, il est aussi digne d'intérêt de disposer par exemple un généreux bouquet de tulipes dans la salle de bains, à proximité du lavabo ou de la baignoire. Et rappelez-vous que mieux vaut poser un vase de

PAGE DE GAUCHE : *ces fleurs et feuilles d'anthurium sont en vérité plus spectaculaires que belles, mais on pourrait en dire tout autant de cet intérieur des années trente.*

A GAUCHE : *un vase ne s'acquitte pas pleinement de sa fonction s'il n'est rempli de fleurs à ras bord. Ici, au contraire, contenant et contenu s'entendent à merveille pour attirer l'œil et le séduire.*

fleurs près de l'extrémité d'une table que rigoureusement au centre.

Quant à savoir si un vaste déploiement floral dans le salon et nulle part ailleurs est préférable à la dissémination de bouquets plus modestes à travers toute la maison, seul le goût personnel — et le budget dont on dispose — peuvent en décider.

## LES VASES

Les vases tout simples permettent de mettre les fleurs en valeur sans entrer en concurrence avec elles. A cet égard, les plus sobres sont les vases de verre ou de cristal. A partir du moment où ils sont parfaitement propres et ne contiennent que de l'eau limpide, ils n'ont plus guère pour fonction que de refléter la lumière et dissiper les ombres. Il reste que certains sont laids et d'autres splendides. Les plus séduisants — et aussi les plus reposants pour l'œil — sont ceux dont la forme s'inscrit dans des lignes géométriques dépouillées. Les modestes poteries vernissées dont les coloris s'harmonisent, ou au contraire font contraste avec les fleurs, ont elles aussi beaucoup d'attrait.

Ce qui ne veut pas dire qu'il faille bannir des choix plus personnels, voire franchement excentriques, lesquels peuvent aussi bien porter sur des récipients de rebut ou dénichés dans la boutique de l'antiquaire que sur des ustensiles ordinairement réservés à la cuisine. Un grand pot en terre cuite dans lequel on aura caché des flacons remplis d'eau pourra simultanément contenir des plantes enracinées et des fleurs coupées, et leur juxtaposition créera un amusant contraste. Un vieux vase tarabiscoté donnera à d'humbles fleurs un petit air de noblesse : des graminées sauvages dans un vase de porcelaine décoré à la main, ou encore des pâquerettes dans une théière d'argent. Disposez autant que possible les fleurs racées dans des récipients modestes : orchidées rares dans un banal vase de verre ou bien, pour qui préfère les espèces de plus grande taille, oiseaux de paradis dans un pot à farine en faïence vernissée.

A GAUCHE : *ces coréopsis d'un beau jaune sont plutôt posés en vrac que disposés dans la marmite, mais ce caractère informel s'accorde tout à fait avec l'atmosphère et le style de cette demeure campagnarde.*

# VU DE LA FENÊTRE

*Ce qu'on voit par la fenêtre fait partie du décor d'une pièce au même titre qu'une toile ou une gravure accrochée au mur. Bien qu'on ne puisse pratiquement rien changer à un paysage extérieur, des plantes artistement disposées de part et d'autre de l'encadrement d'une ouverture suffisent bien souvent à escamoter ce qui blesse l'œil, voire à métamorphoser la vue.*

Quelques mètres carrés de dallage devant une entrée agrandissent visuellement la surface intérieure d'une demeure et sont comme une invite à y disposer des plantes. Des lauriers taillés dressés en sentinelles dans des caisses peintes près de la porte ou encore des chèvrefeuilles ébouriffés et désinvoltes dans des demi-tonneaux témoigneront les uns et les autres de deux arts de vivre bien distincts. Mais quels que soient les végétaux choisis, rappelez-vous qu'ils doivent se tenir bien droits, en portiers stylés, à proximité de l'entrée. Les espèces indisciplinées, celles qui portent des épines ou dégagent une senteur désagréable n'y ont pas leur place. Et puis, l'espace autour du seuil est trop précieux pour qu'on le gâte par la présence de plantes sans intérêt.

C'est traditionnellement au romarin que revient le rôle de garder les abords du foyer et de rappeler aux occupants de la maison qu'ils sont en bonne compagnie. Cet arbuste présente en effet deux avantages : il dégage une odeur aromatique agréable et demeure vert tout au long de l'année. Mais il existe d'autres espèces à feuillage persistant qui, comme lui, s'accommodent aussi bien du soleil que de l'ombre et poussent en pot comme en pleine terre. Citons à titre d'exemples l'if d'Irlande, le camélia, *Fatsia japonica* et aussi, un curieux hybride auquel celui-ci a donné naissance, *Fatshedera lizei*. De grands bambous en pots dresseront devant votre seuil des structures verticales élégantes et peu communes qui ne passeront pas inaperçues. Mais ne laissez pas leurs racines sécher et procurez-leur un peu d'ombre en plein été. Le lin de Nouvelle-Zélande est en principe une plante vivace persistante, mais ses grandes feuilles en forme de glaives lui donnent plutôt l'apparence d'un arbrisseau.

Un arbre qu'on fait pousser dans un bac ou une caisse près du seuil n'atteindra jamais une taille considérable, pas plus que ses racines ne menaceront les fondations de la maison. Mais sa présence donnera du charme aux entrées les plus anonymes. Les figuiers ont joué pendant longtemps ce rôle de gardiennage. Leurs racines ont cependant tendance à proliférer exagérément, inconvénient qu'on élimine quand on les fait pousser dans de grands pots. Bien qu'ils ne demeurent verts qu'une partie de l'année et que leur floraison ne soit guère flatteuse, leurs rameaux clairs qui s'étendent dans tous les sens, leurs grandes feuilles multilobées et l'ombre qu'ils projettent sont autant de traits qui les font apprécier. *Cordyline australis*, lui, a une tige toute droite surmontée d'un bouquet terminal de feuilles étroites et persistantes. Comme le figuier, il a besoin de soleil et d'ombre. Malheureusement, ces deux arbres sont d'ordinaire vendus en plants de petite taille. Pour les impatients, il existe de nombreux autres arbres qu'on commercialise quand ils atteignent à peu près deux mètres de hauteur. Tel est le cas entre autres du poirier pleureur argenté, du cerisier à floraison hivernale, du gleditsia à feuilles dorées et du pommier ornemental. Faites pousser ces arbres dans de grands baquets et plantez tout autour de leur pied des bulbes de printemps, des bisannuelles, et aussi des plantes de parterre et des oignons qui fleuriront respectivement l'été et l'hiver.

CI-DESSUS : *les camélias en fleur sont si éclatants que bien souvent leur somptuosité détourne totalement l'attention de la morphologie de l'arbuste. Ce spécimen un peu mal venu perdrait probablement beaucoup de son attrait en dehors de sa brève époque de floraison. Mais pour l'instant il déploie pleinement son extravagante splendeur.*

A GAUCHE : *quelques mètres carrés de dallage devant une entrée agrandissent visuellement l'espace habitable et renseignent le visiteur sur l'atmosphère qui règne dans la maison. Le manque de surface ne doit pas excuser l'absence de verdure. Dans cette petite cour pavée de briques, des troènes taillés sur tige et des buis taillés en boules apportent une touche de vie dans un décor qui, sans eux, serait bien morne. Des pots plus raffinés ou des bacs de plastique n'auraient pas leur place ici.*

## DECORS DE FENETRES

Plus une plante est proche d'une fenêtre et plus l'effet est réussi quand on regarde vers l'extérieur. Si vous vous placez près de la fenêtre, des jacinthes qui poussent au-dehors dans une jardinière sembleront plus massives et en quelque sorte plus réelles qu'un arbre imposant situé à une certaine distance.

Qu'elles croissent à l'intérieur ou à l'extérieur d'une fenêtre, les plantes masquent aisément une vue peu attrayante, mais en même temps réduisent la quantité de lumière qui pénètre dans la pièce. Des troènes dorés offrent une solution de compromis séduisante, car s'ils poussent tout près d'une fenêtre la luminosité sera bien sûr moins intense, mais elle prendra une belle coloration chaude. Escamoter un paysage sans attrait, c'est aussi donner libre cours à l'imagination pour en inventer de plus enchanteurs. Posées sur un appui de fenêtre, de grandes cruches garnies de rameaux de troène doré feront le même effet.

Les vastes baies vitrées dites « panoramiques » sont censées agrandir considérablement une pièce, mais en réalité la présence visuelle d'un paysage, aussi sublime soit-il, peut sembler aussi irréelle qu'une carte postale et avoir pour effet de rapetisser et les lieux et ceux qui les occupent. La célèbre maison de verre due à l'architecte américain Philip Johnson est en fait entourée d'arbres dont les troncs jouent pour l'œil le rôle de murs et créent l'illusion que la construction est entourée d'une clôture. Que des plantes massives poussent en pleine terre à l'extérieur ou à l'intérieur dans des pots, dans les deux cas elles rendent la vue plus "crédible" et restaurent le sens des proportions.

CI-CONTRE : *dans les maisons contemporaines dotées de vastes ouvertures, la vue sur l'extérieur crée pour l'œil une illusion d'enceinte. Des arbres plantés à proximité d'une baie vitrée entretiennent à merveille cette illusion.*

PAGE DE DROITE : *des plantes de jardin — cette vigne vierge, par exemple — peuvent parfaitement jouer les rôles de murs et de rideaux et donner l'impression qu'une pièce se prolonge à l'extérieur, tout en filtrant la lumière.*

De plus, la relation spatiale des plantes au paysage d'arrière-plan varie continuellement pour l'observateur qui se déplace dans la pièce, et ces changements de perspective renouvellent à tout instant l'intérêt du décor.

Quelle que soit la taille d'une fenêtre, il est toujours agréable de pouvoir regarder du dedans des plantes vivaces pousser le long du mur extérieur de la maison. S'il est entendu que les végétaux ne doivent jamais gêner l'ouverture d'une fenêtre ou saper les fondations, il reste qu'une discrète intrusion de verdure dans l'encadrement d'une ouverture adoucit la vue sur le dehors et donne à l'occupant le sentiment du passage des saisons. En automne, les rameaux du lierre japonais ou de la vigne vierge sont couverts d'un feuillage d'un rouge éclatant qui donne à la lumière incidente des reflets chauds et mordorés. Quand on regarde par une fenêtre entourée de certaines espèces saisonnières comme les clématites botaniques au printemps, les clématites hybrides, les roses, ou la glycine en été, le lierre ou le jasmin à floraison hivernale à la mauvaise saison, on est largement dédommagé de la perte de lumière qui leur est due. Si les plantes deviennent trop envahissantes, taillez-les et disposez leurs rameaux dans des cruches ou des vases pour décorer la pièce. Il n'existe pas meilleure façon de faire entrer chez soi un peu de la vie du dehors.

## POTS ET JARDINIERES

Achetez toujours le plus grand pot qu'il vous sera possible de loger dans un emplacement prévu à cet effet. Un pot de grande capacité fait invariablement davantage d'effet, peut accueillir des plantes plus volumineuses ou bien des groupes de plantes plus importants. En outre, plus il sera grand, moins le compost qui le remplit se dessèchera durant l'été et moins aussi les racines y seront exposées au gel.

Un pot de grande taille peut également devenir le foyer autour duquel se masseront des pots plus petits, regroupement qui aura pour avantage de générer un microclimat humide favorable à la pousse et de permettre aux plantes de se protéger les unes les autres du vent et des intempéries. L'importance et la disposition de ces ensembles peuvent varier, mais le matériel utilisé et l'esprit recherché ne sauraient changer beaucoup.

S'il s'agit de pots en terre, assurez-vous que l'argile cuite n'est pas gélive, car il arrive souvent qu'une terre poreuse gorgée d'eau s'effrite ou se fendille sous l'effet du gel. Un bon moyen de protection consiste à y planter du lierre qu'on fera ensuite largement déborder tout autour de la paroi extérieure du pot. Une soucoupe est indispensable si celui-ci est déposé sur un balcon, une terrasse, le sol d'un patio, un plancher, un carrelage, un linoléum... ou dans un jardin impeccablement entretenu. Songez à éliminer régulièrement les feuilles, les dépôts visqueux, la vase et les insectes que les soucoupes recueillent généralement quand on les place à l'extérieur.

Les matériaux et les styles des jardinières de fenêtres varient eux aussi considérablement. Là encore, ce sont les plus volumineuses qui ont meilleur aspect. Considérez qu'elles doivent avoir pour le moins dix-huit à vingt centimètres de profondeur, étant donné qu'une épaisseur de deux à trois centimètres sera réservée au fond à la blocaille de drainage, et une autre à la surface du compost, pour former une cuvette qui recueillera l'eau d'arrosage. Qu'un bac soit simplement déposé sur le rebord d'une fenêtre ou soutenu par des cornières ou des tasseaux métalliques, l'important est de le maintenir fermement en bonne position. Une excellente précaution consiste à le fixer aux faces latérales de l'embrasure par des crochets ou des chaînes de sécurité, en particulier quand la fenêtre est très surélevée.

On trouve partout des bacs de plastique ou de chlorure de polyvinyle. Ils n'ont rien de bien séduisant, mais les plus foncés sont tout de même moins voyants que les blancs ou les vert clair (encore qu'un bac blanc ne choque pas si le rebord de la fenêtre est de même couleur). Mieux vaut néanmoins les camoufler avec des plantes retombantes. Et si le bac est visible de la pièce, alors un nouvel artifice s'impose : garnissez l'appui intérieur de votre fenêtre de plantes qui poussent dans des récipients esthétiques.

Les jardinières de terre cuite, de bois ou de fibre de verre sont beaucoup plus attrayantes, mais coûtent aussi nettement plus cher. Si vous préférez les caissons de bois, assurez-vous qu'ils ont été traités contre le pourrissement, ou encore qu'ils sont fabriqués à partir d'essences résistantes

CI-DESSUS : *les pots vernissés font ressortir tout l'éclat des plantes, à l'intérieur comme à l'extérieur. Un regroupement serré de vigoureux feuillages persistants côtoyant des azalées plus fragiles fera très bel effet en plein air durant l'été, mais il sera nécessaire de disperser le rassemblement quand viendra l'hiver si on veut épargner les espèces qui nous viennent d'Extrême-Orient.*

A GAUCHE : *une plantation d'intérieur disposée devant une vaste ouverture autorise à peu près tous les trompe-l'œil. Ici, le muret de briques patinées que l'on voit à l'extérieur semble s'introduire insensiblement dans la pièce, tandis qu'une plante grimpante profite pleinement de l'ensoleillement.*

CI-DESSOUS : *les pots en terre cuite de taille moyenne se transportent aisément et sont pour le jardin de véritables aubaines. Garnis de plantes en pleine floraison — agapanthes et fuchsias, par exemple, plantes qui hors saison se porteront mieux si on les place dans une semi-obscurité — et autant que possible bien visibles du dehors comme du dedans, ils sont dignes d'occuper le milieu de la scène.*

comme le chêne ou l'ormeau. Les terrines destinées à la multiplication des plantes, ou encore celles qui s'inspirent d'un style ancien, commandent plus de circonspection. Et s'il est certain qu'une jardinière rocaille sera tout à fait à sa place sur la fenêtre d'une maison baroque, voire sur celle d'une construction moderne, elle serait totalement déplacée sur celle d'une demeure des années trente. Un bac de fenêtre, quel que soit son style, doit s'intégrer à l'harmonie générale de l'habitat et des autres bacs du jardin.

Quant aux paniers ou aux pots qu'on accroche devant la façade, leur personnalité prend moins d'importance du fait qu'ils sont généralement escamotés par les plantes qu'ils contiennent. Ils n'en sont pas moins visibles avant la pousse, au début de l'été et après la floraison.

Quand ils sont faits de grillage, comme autrefois, les paniers et corbeilles suspendus devant une façade n'agressent pas l'œil. Si vous ne pouvez vous procurer de sphaigne, revêtez-les intérieurement de toile de jute de couleur foncée, infiniment plus séduisante que le polyéthylène noir dont on les garnit ordinairement. Les paniers en terre cuite, en fer plastifié ou encore ouvragé sont sensiblement plus coûteux. Certains sont magnifiques, d'autres franchement atroces. Les paniers de matière plastique pourvus d'un plateau-égouttoir sont indéniablement pratiques, mais d'une laideur quasi irrémédiable, puisqu'il est impossible de garnir leur pourtour de plantes, comme on le fait avec les paniers de grillage. Pour ne plus les voir, il faut donc s'armer de patience et attendre que les plantes poussent, ce qui peut demander un certain temps.

C'est quand on les intègre à certains éléments architecturaux (en les suspendant au-dessus d'un porche, sous une toiture à coyaux ou une fenêtre en surplomb, par exemple) que les paniers sont le mieux mis en valeur. Ils peuvent aussi produire un bel effet quand on les accroche à des cornières devant une façade, mais encore faut-il qu'ils ne soient pas répartis au petit bonheur la chance. A proximité d'une fenêtre ou d'une porte, ils auront l'avantage d'être visibles de l'intérieur. L'important est alors de vérifier par avance le résultat, et de dehors, et de dedans. Pareillement, une dizaine de paniers alignés en rang serré devant un mur aveugle faisant face à une fenêtre transformeront une surface morne en un élément de décor qui attire le regard. Suspendez au-dessus d'une haute fenêtre trois paniers garnis d'ipomées, de thunbergias et de capucines, et vous aurez pour l'été un store tout trouvé. Avec des plantes de taille plus modeste — pétunias, alyssums ou lobélias — l'effet obtenu serait celui d'un feston de verdure et de fleurs.

## FAÇADES HARMONIEUSES

S'il est théoriquement possible d'harmoniser les plantes qui poussent le long d'un mur, dans une jardinière ou un panier suspendu avec les tons dominants de chacune des pièces d'habitation, il n'est pas toujours si simple d'y réussir dans la pratique. Quand on fait pousser des végétaux à proximité immédiate d'une maison, on considère le plus souvent que le seul résultat qui compte, c'est celui qu'on observe de l'extérieur. Une villa méditerranéenne couverte de bougainvillées pourpres, ou une demeure plus nordique de jasmin jaune à floraison hivernale sont d'une telle splendeur qu'il devient de peu d'importance que la couleur du déploiement floral soit ou non complémentaire des divers tons de la décoration d'intérieur.

A partir du moment où on garnira toutes les jardinières de fenêtres d'une même façade des mêmes plantes, ou d'un même mélange de plantes, le résultat présentera une cohérence certaine. On pourra par exemple égayer une façade uniformément blanche de giroflées qu'on plantera très serrées à l'automne et qui donneront une floraison rouge bordeaux au printemps suivant. On leur substituera pendant l'été des géraniums retombants de couleur pâle ou rose vif. Sur une façade de briques rouges se détacheront davantage des tulipes blanches, du myosotis bleu pâle et du lierre panaché gris bleuté durant le printemps, que remplaceront des wegelias et des cinéraires à feuillage argenté quand viendra l'été. Cette rotation pourra d'ailleurs tout aussi bien s'accomplir dans des bacs ou des pots de jardin.

Pour les immeubles dans lesquels cohabitent plusieurs familles, l'harmonie n'est pas toujours facile à réussir. On peut alors envisager une autre solution : répartir un fond de verdure entre les jardinières — un peu de lierre, par exemple — et planter ensuite dans chacune les fleurs qui s'harmonisent le mieux avec le décor des pièces. L'idéal serait de disposer sur l'appui intérieur de la fenêtre ou sur une petite table toute proche les mêmes plantes que celles qui poussent à l'extérieur dans les jardinières. Certaines jardinières sont parfois suffisamment décoratives pour être utilisées également à l'intérieur. Ne croyez pas qu'un bac destiné à l'extérieur doive être radicalement banni de la maison.

Multiplier par deux l'éclat des bulbes de printemps, des annuelles à floraison estivale ou des espèces à feuillage persistant en les plantant de part et d'autre d'une même surface vitrée est une excellente idée. Achetez donc deux fois plus de plants de géraniums, de balsamines ou de bégonias qu'il ne vous en faudrait pour garnir un simple bac de fenêtre, et plantez-les pour moitié sur toute la longueur de l'appui intérieur. Quand, à l'occasion d'une journée chaude et paisible, vous regarderez par votre fenêtre grande ouverte, vous aurez le sentiment d'être dehors. Et le soir, quand les lumières de la pièce seront allumées, l'effet visuel résultant de ce doublement sera tout aussi agréable de l'extérieur.

Replanter dans la maison des fleurs ou des rameaux prélevés sur le bac d'une fenêtre commande une certaine modération si on tient à conserver un peu d'attrait à la décoration d'extérieur. Mieux vaut tricher délibérément en achetant par exemple des narcisses ou des tulipes coupées qu'on disposera en vis-à-vis de leurs homologues. Adjoindre à des pois de senteur, des asters de Chine ou des œillets d'Inde en jardinière des fleurs identiques, mais achetées chez le fleuriste, ne fera que donner de la densité à la végétation toujours un peu clairsemée d'un rebord extérieur de fenêtre.

A DROITE *: ces vieilles poteries de cheminées servent en quelque sorte de piédestals à diverses plantes en pots tout en escamotant avec bonheur un bac sur pied, dont le moins qu'on puisse dire est qu'il manque de grâce. A chaque saison, les plantes peuvent être remplacées par d'autres : il suffit pour cela de changer les pots. A la mauvaise saison, l'alyssum aura épuisé ses fleurs et les plantes d'appartement auront réintégré leurs quartiers d'hiver, temporairement détrônées par le lierre panaché, la pervenche ou l'euonymus.*

## LES PLANTES

Le choix des plantes destinées à pousser près d'une maison obéit en grande partie aux mêmes critères que celui des plantes d'intérieur. Évitez autant que possible la formule « une de chaque couleur » : une jardinière garnie de jacinthes blanches, jaunes, roses, bleues et rouges peut séduire certains, mais fera moins d'effet que si toutes les fleurs étaient du même ton.

L'idéal est encore de constituer un fond de plantation composé d'espèces à feuillage persistant auxquelles on peut adjoindre temporairement des plantes qui viendront ajouter de la couleur ou éveiller la curiosité. Et si vous considérez que la terre ou le compost gâtent la vue et qu'il est pour vous sans intérêt de les remuer à longueur de saison, contentez-vous de végétaux qui restent verts d'un bout à l'autre de l'année. Un bel alignement de conifères nains dans un bac de fenêtre bien ensoleillé, ou encore de lauriers accompagnés de lierre si la fenêtre est exposée au nord, n'a certes rien d'original, mais ces plantes ne vous infligeront pas non plus leurs caprices et leurs exigences. Diverses espèces à feuillage persistant et à croissance lente — le lierre, la pervenche, le lamier, le gaultheria, la pulmonaire, le bugle, le bergenia, le pachysandra, *Euphorbia robbiae* — procurent une excellente couverture. D'autres espèces apporteront au décor des touches de couleurs plus éphémères, mais spectaculaires. Les fleurs du camélia, par exemple, s'épanouissent à la façon des espèces florifères annuelles. Les baies du houx, du cotonéaster ou du mahonia ne manquent pas non plus d'un certain charme saisonnier.

CI-CONTRE *: ces pieds de* Pelargonium zonale *se sont allègrement glissés hors de la maison pour prendre l'air dans le jardin, où ils se sentiront parfaitement chez eux jusqu'aux premiers gels. L'embrasure relativement profonde d'une fenêtre flanquée de volets offre un décor architectural tout trouvé pour ce groupe de plantes. Si ces pelargoniums étaient dispersés dans le jardin, ils donneraient l'impression désolante d'avoir été mis au rebut.*

CI-CONTRE : *un tableau en vert et blanc dont la note dominante est fournie par la couleur blanche des hydrangeas. Disposées des deux côtés de la fenêtre, ces fleurs font incontestablement bel effet quand on les regarde de l'intérieur. Pour un observateur situé à l'extérieur de la maison, le plaisir visuel dépend essentiellement de la direction et de l'intensité de la lumière, de la hauteur des fleurs au-dessus du niveau du sol et, cela va sans dire... de la liberté d'accès.*

Quant aux chatons longilignes du garrya, on ne saurait rêver plus exotique. Et puis, la gamme des verts des espèces vivaces est aussi étendue que celle des plantes d'appartement. On peut en dire autant des feuillages panachés, mais à l'exemple de leurs homologues d'intérieur, ils imposent certaines précautions.

Dans un jardin bien ensoleillé, les plantes à feuillage gris persistant remplacent avantageusement celles dont le feuillage est d'un vert uniforme. La lavande, vraie ou hybride, l'heliochysum et *Senecio* 'Sunshine' peuvent aisément coexister avec des espèces à moins grand développement comme le stachys, les œillets, l'arabis ou l'alyssum. Les plantes à feuillage gris persistant donnent cependant l'impression d'être mal en point durant l'hiver, et la plupart d'entre elles doivent être sévèrement taillées tous les ans si on veut les empêcher de pousser tout en tiges et de se dégarnir.

Les bulbes qui donnent des fleurs d'une année sur l'autre exigent à peine plus d'efforts que les espèces à feuillage persistant, vert ou gris. Ceux des perce-neige, des iris à floraison hivernale, des scillas, des narcisses et de bon nombre de tulipes peuvent en effet rester continuellement en terre, où ils se multiplient. En revanche, il faut généralement un certain temps pour qu'ils dépérissent après la floraison, et ce spectacle n'a rien de bien flatteur, ce qui en soi n'a guère d'importance dans un grand jardin, mais peut en prendre beaucoup si les bulbes ont été plantés dans un emplacement visible d'une fenêtre. Or, si on coupe leurs feuilles, les plantes ne feront plus de fleurs l'année sui-

CI-DESSUS : *transporter à l'extérieur vos plantes d'appartement pour qu'elles y passent les mois d'été vous donnera l'occasion de leur offrir une nouvelle parure si vous plantez dans le compost qui entoure leur pied des espèces annuelles telles que le lobélia, l'alyssum ou la balsamine. Dès que le froid menace, transportez chez vous tout le décor pour profiter encore de lui quelques semaines supplémentaires.*

A DROITE : *cette cour en terrasse chaude et ensoleillée donne asile aussi bien à des plantes grimpantes qu'à un trio de cyprès et à diverses espèces feuillues.*

vante. Mais il est tout simple de leur refaire une beauté en nouant leurs feuilles. Bien entendu, on peut également arracher les bulbes et les exiler provisoirement dans un coin reculé du jardin, ou encore, s'ils poussent dans des pots, les remiser ailleurs. La solution la plus radicale et la plus extravagante serait de traiter les bulbes comme des fleurs annuelles, c'est-à-dire de les jeter après la floraison pour en repiquer d'autres à la saison suivante.

Quant aux plus belles de toutes les plantes, les herbacées vivaces, elles passent une moitié de l'année enfouies dans la terre et une bonne partie de l'autre moitié sans fleurir, ce qui n'incite guère à en planter près de la maison. Mélanger sur une même surface perce-neige, iris d'hiver, crocus, eranthis, chionodopas et herbacées vivaces telles que le delphinium, le lupin et la pivoine garantit bien deux floraisons à deux saisons différentes, mais il n'empêche que cette alternance ne supprime pas de mornes intervalles désespérément dépourvus de fleurs. Ceux qui possèdent un vaste jardin peuvent bien sûr empoter leurs herbacées vivaces avant qu'elles ne fleurissent et les transporter au bon moment à proximité de la maison pour qu'on les voie des fenêtres, puis les replanter en pleine terre après la floraison, mais ceux qui n'ont pas cette chance en sont réduits à improviser, par exemple en achetant trois, quatre ou cinq jeunes plants d'hosta pour les repiquer dans un assez grand bac. L'inconvénient, c'est que non seulement l'opération est coûteuse, mais aussi que les plantes vivaces ne fleurissent pas nécessairement durant l'année qui suit leur plantation, et que par ailleurs cinq spécimens encore jeunes ne sauraient éclipser la gloire d'un vénérable massif.

Au printemps, essayez de vous procurer auprès d'un ami ou un voisin possédant un jardin des touffes d'herbacées vivaces comme les hostas, les hémérocalles, les agapanthes, les arums, les alchemilles, les astilbes, les acanthes, les géraniums vivaces et *Iris sibirica*. Retirez le plus possible de la terre qui adhère aux racines, puis plantez les touffes dans du compost frais et disposez ensuite les pots là où ils seront bien visibles de la maison, en arrosant régulièrement les jeunes pousses. Et si vous ne savez que faire de vos plantes à la fin de la saison, faites-en cadeau à des amis qui possèdent un jardin.

Il existe tant et tant d'espèces vivaces décoratives que la question est davantage de savoir comment en tirer parti que lesquelles choisir. Néanmoins, certaines d'entre elles — l'ageratum, sauges, soucis, gazanias, bégonias — se mélangent moins aisément que d'autres à leurs voisines, ce qui est dû en partie à leur port de tête très droit ou à leur morphologie compacte, et en partie au fait que d'ordinaire on se contente de les aligner comme un rang de perles non enfilées. A proximité de la maison, il ne faut pas hésiter à les planter en rangs serrés. Les distances de plantation recommandées sur les sachets de graines et dans la plupart des livres de jardinage ne sont que théoriques : chaque plante étant censée devenir un spécimen parfait, qui aurait besoin de pousser à bonne distance de ses voisines. Plantées proches les unes des autres, les annuelles peuvent composer de chatoyantes étoffes de couleurs qui habilleront somptueusement vos pots, vos jardinières ou vos massifs de jardin.

Tout comme avec les bulbes, on tire d'ordinaire des plantations d'annuelles des effets monochromes dont le succès est assuré : pelargoniums, pétunias et lobélias blancs, ou encore pâquerettes, lobélias et pétunias bleus. Par ailleurs, les mélanges tricolores — la classique association du lobélia bleu avec le géranium rose à feuilles de lierre et le pétunia blanc — ne manquent pas d'allure, ni non plus les mélanges polychromes, à la condition que les couleurs ne soient pas enrégimentées sans aucun humour, comme c'est le cas dans les jardins publics, où ce qui rend les parterres imposants tient avant tout à leurs dimensions considérables.

Transportées à l'extérieur quand vient l'été, les plantes d'appartement peuvent devenir prétexte à la création d'un décor saisonnier sur deux niveaux. Pour cela, il suffit de planter des espèces comme les capucines, les impaticus, les gazanias, les pétunias, ou même de petits rameaux de lierre dans le compost nu qui entoure un arbuste d'intérieur de bonne taille, un palmier par exemple, ou encore un citrus, un heptapleurum ou un laurier-rose. Ces petites plantes ne gêneront en rien la grande, et si on leur administre deux fois par mois une solution nutritive, une masse de fleurs et de feuillage aura complètement recouvert la surface du compost vers la fin de l'été. Rentrez les fleurs dès les premiers froids dans la maison, où elles continueront de fleurir si la lumière est suffisante. Mais prenez tout d'abord la précaution de les traiter à l'insecticide, si vous ne voulez pas introduire des parasites chez vous. Ensuite, il ne vous restera plus qu'à les éliminer quand elles commen-

ceront à dépérir, puis à combler les trous laissés dans le compost par leurs racines à l'aide de compost frais.

Les plantes de plus petite taille et de moindre longévité (surtout si elles poussent en hauteur et sont dégarnies du pied) se prêtent fort bien, elles aussi, à ce déploiement estival. Dans cet esprit, juxtaposez par exemple des lobélias blancs à des géraniums rouge vif, ou des ipomées rampantes à un dizygotheca. L'abutilon panaché se dégarnit souvent du pied, et si vous n'avez pas le courage d'étêter sévèrement le vôtre, sachez que sa tige peut très bien servir de tuteur à des espèces grimpantes comme les capucines à fleurs jaune d'or ou orangées, ou encore les thunbergias. A la fin de l'été, procédez comme nous venons de le dire : transportez tout le décor dans la maison et arrachez les plantes annuelles quand elles s'étioleront.

Les appuis de fenêtre — intérieur et extérieur de cuisine — se prêtent fort bien, dit-on, à la culture de certains légumes, ainsi que les pots qu'on laisse en permanence dehors, près de l'entrée de la cuisine. On voit très bien tout l'intérêt de cette idée, qu'il est cependant plus facile d'évoquer que de mettre en pratique. Car, pour cela, il faut disposer d'un bac de fenêtre d'au moins vingt-cinq centimètres de profondeur et d'un excellent ensoleillement. A supposer que chez vous ces deux conditions soient rassemblées, vous pouvez effectivement y faire pousser des pieds de tomates naines ou de haricots nains qui sont, les unes et les autres, de jolies plantes et conservent bonne mine après qu'on a cueilli leurs fruits. Les pieds d'aubergines et de poivrons n'ont en revanche rien de bien séduisant et ne donnent dans les climats tempérés que des récoltes chétives quand on les cultive à l'extérieur. Quant aux choux ornementaux, il va sans dire qu'ils n'ont plus rien d'ornemental à partir du moment où on les récolte, ni non plus les laitues crépues dites décoratives.

*Chèvrefeuille, vigne vierge et clématites se combinent pour encadrer cette porte d'entrée tout en mêlant abondamment fleurs, feuillages et senteurs. Quand le chèvrefeuille et les clématites auront fini de jouer leur rôle, c'est le magnifique feuillage d'automne de la vigne qui occupera toute la scène.*

Il est beaucoup plus avisé de cultiver sur une fenêtre (à l'intérieur comme à l'extérieur) certaines plantes potagères, en particulier le fraisier remontant dont les feuilles, les fleurs et les fruits sont agréables à l'œil, et il est si bon marché qu'on se sépare de lui sans remords à la fin de la saison. Cette plante change avantageusement des fleurs de parterre, surtout si on laisse ses stolons déborder de la jardinière ou si on les fait grimper le long de tuteurs ou d'une claustra. Mais même dans le cas des fraisiers si la fenêtre de cuisine est située sur le devant de la maison, l'on peut préférer garnir uniformément toutes les jardinières de la façade plutôt que de ménager un verger sur un unique bac de fenêtre.

Il existe bien des moyens de ne pas laisser les bacs vides durant l'hiver, ne serait-ce qu'en y plantant des crucifères. Du moment qu'elles sont saines, de bonne pousse et plantées serrées, des espèces florifères comme la giroflée jaune feront vaillamment acte de présence durant la mauvaise saison, même si elles ne fleurissent pas encore à cette période-là. Comme toutes les bisannuelles, elles pourront relayer au milieu de l'automne les annuelles sitôt que celles-ci auront fait leur temps. Plus petites que les giroflées, les pâquerettes doubles, les pensées, les primevères et le myosotis sont aussi moins décoratifs durant l'hiver. Quant aux grandes grappes de la digitale et aux clochettes des campanules à grosses fleurs, elles conviennent davantage aux bacs et aux pots qu'aux jardinières de fenêtre. Dès l'automne, l'une comme l'autre arborent de belles feuilles lancéolées. Plantées dans de grands pots qu'on placera soit à côté de l'entrée, soit dans un vestibule frais et bien ensoleillé, elles réjouiront l'œil durant les mois d'été.

Une manière originale de tirer parti des bacs de fenêtre consiste à en faire de véritables vases de jardin en y « plantant » verticalement, en rangs serrés, des branches de cornouiller à écorce rouge ou jaune, d'aulne, de bouleau, de hêtre ou de corète du Japon, cette dernière essence étant d'un très beau vert. Si on les arrose de temps en temps, ces « bosquets » en bacs dureront tout l'hiver, et avec un peu de chance les rameaux de cornouiller et de corète auront pris racine quand arrivera le printemps. Certaines espèces à feuilles persistantes plantées dans les mêmes conditions — le houx, l'aucuba, le laurier du Portugal, le laurier-tin, l'eleagnus, le cotoneaster à fruits ou branches de conifères, le rhododendron — seront plus éphémères, mais feront le même effet. Tout aussi assuré sera le résultat si on fait appel, entre autres, au laurier du Portugal, au laurier-tin, au chalef argenté, au cotonéaster porteur de ses baies, ou encore à divers conifères. Il est vraisemblable qu'il vous faudra les remplacer au bout de quatre à six semaines, mais si vous achetez ces rameaux votre argent sera bien placé. Vos arbustes « spontanés » pourront atteindre n'importe quelle hauteur à la condition que les tiges soient enfoncées dans le compost à une profondeur suffisante pour garantir la stabilité. Par ailleurs, vous pourrez à votre gré laisser aux rameaux leurs formes naturelles, ou encore les tailler en « haies » bien disciplinées. Ces « plantations » font excellent ménage avec les tulipes, les jacinthes ou les narcisses qu'on plante à l'automne ; il conviendra simplement de retirer les branches du bac aux environs du solstice d'hiver pour laisser les bulbes se développer plus à leur aise.

## LES SENTEURS

Portes, fenêtres, jardinières et plantes odoriférantes devraient être inséparables. Il existe en effet quantité de plantes qui ajoutent à leur beauté naturelle des senteurs délicieuses et qui n'en ont que plus d'attraits. Plantez, si vous le pouvez, au pied d'un mur extérieur d'assez grande surface et bien ensoleillé, un rosier grimpant d'une variété pourpre foncé très odorante : étoile de Hollande ou gloire de Dijon à fleurs jaune pâle, ou encore Mme Alfred Carrière à fleurs blanc carné qui pousse de préférence sur un mur légèrement ombragé. Bien que le mot rose soit pratiquement synonyme de parfum, certaines clématites ont elles aussi une fragrance très particulière. *Clematis montana,* par exemple, fleurit au printemps et dégage une odeur qui évoque la vanille ; *Clematis rehderiana,* qui, elle, épanouit en été et en automne ses magnifiques fleurs jaunes campanulées, a un parfum de primevère. Parmi les chèvrefeuilles, *Lonicera japonica halliana* a pour double avantage d'être fortement odorant et de rester vert toute l'année dans les régions où l'hiver est doux. Les fleurs de glycine ont une senteur indéfinissable, ce qui explique pourquoi cette liane volubile et

exclusivement grimpante orne tant de portes et de fenêtres. Une astuce bien connue des jardiniers consiste à planter l'une près de l'autre deux espèces odoriférantes florissant à des saisons différentes — des clématites de printemps et des roses d'été, par exemple — pour que leurs rameaux s'enchevêtrent et que le parfum dégagé par la plus hâtive soit relayé, quand il s'épuise, par celui de la plus tardive.

Parmi les arbustes et buissons odorants qu'on peut planter dans un bac ou au pied d'un mur, il faut encore citer l'oranger du Mexique, le myrte, le genêt, le daphné, la lavande et certains viburnums tels que le *Viburnum x burkwoodii* et le *Viburnum carlesii.* Près d'une porte, des lis odorants plantés en pots laisseront échapper des senteurs délicieuses. *Lilium auratum, Lilium japonicum* et *Lilium formosanum,* qui s'épanouissent pleinement à la fin de l'été et au début de l'automne, dégagent un parfum particulièrement prononcé, ainsi d'ailleurs que *Lilium candidum* qui, lui, éclot au début de l'été. On aura tout intérêt à faire pousser le datura en pot, afin de pouvoir profiter durant l'hiver, quand on l'aura rentré, de cette solanacée à grosses fleurs blanches ou écarlates très parfumées.

Un bac de fenêtre peut aussi donner asile à des espèces odoriférantes. Les œillets de poète, les giroflées, les crocus, les narcisses, les jacinthes et les polyanthus feront ainsi flotter dans l'air des fragrances de printemps. Parmi les espèces qui embaument l'été, citons les œillets, les géraniums à feuilles odorantes, certaines giroflées (en particulier *Matthiola incana,* qui a la propriété de sentir bon de jour comme de nuit), l'héliotrope, les pétunias, le tabac ornemental et le pois de senteur. Il existe plusieurs espèces de ce dernier, la plus odorante de toutes, bien que peu florifère, est la gesse à grandes fleurs. Parmi les espèces naines qui conviennent parfaitement à un bac de fenêtre, le patio et le cupid, aux deux tons de rose, sont les plus odoriférantes

Mentionnons encore les herbes aromatiques — les plus petites des espèces odorantes — qui libèrent leur parfum quand on les foule du pied. Garnissez donc de thym ou de menthe les interstices du dallage extérieur, et à chacun de vos passages vous ferez naître sous vos pas des bouffées de senteurs, principalement par temps chaud et ensoleillé. Rappelez-vous aussi que le feuillage de la violette *(Viola odorata)* dégage un parfum très capiteux par temps doux et humide.

A GAUCHE : *vivaces et annuelles s'entendent pour faire de cette terrasse un petit paradis d'intimité. Cette jungle où se côtoient avec bonheur discipline et exubérance, fleurs et feuillages, plantes en pots et plantes de pleine terre, isole complètement le lieu du voisinage et du reste du monde.*

CI-DESSUS : *les végétaux en prennent à leur aise dans ce jardin dont on ne sait trop s'il est d'intérieur ou d'extérieur. Créer chez soi un espace vert « sauvage » exige un don particulier pour choisir et entretenir des espèces auxquelles il est bon de laisser une certaine liberté dans les limites du domaine qui leur est alloué.*

# L'ART ET LA MANIÈRE

*Pour certains, faire pousser chez soi des plantes est une véritable raison d'être, comme pour d'autres élever des enfants ou des animaux domestiques. Mais pour la majorité de ceux qui possèdent des plantes d'intérieur, tout ce qui se rapporte à la botanique semble peu clair, fastidieux et superflu. Ce qui les intéresse, c'est d'en savoir assez pour se débrouiller seuls.*

On peut considérer tout simplement les plantes d'intérieur comme des fleurs coupées pourvues de racines ; des fleurs qui nous réjouissent de leur éphémère beauté, et dont on se sépare sitôt que leur éclat ternit. Il est évident que certaines espèces — le chrysanthème et le poinsettia, par exemple — s'accommodent parfaitement d'un traitement de ce genre, bien qu'il soit possible de prolonger leur existence de plusieurs semaines. Il en va de même des lis plantés dans de grands pots : hors saison, ils exigent cinquante semaines de soins en pleine terre ou sous serre dans l'attente d'une nouvelle floraison qui, tout au mieux, ne durera que deux semaines.

En règle générale, plus une plante d'intérieur coûte cher, et plus il est judicieux de se renseigner quelque peu sur ses besoins et sa durée d'existence avant d'en faire l'acquisition. Diverses variétés de plantes dont l'existence est extrêmement brève sont pourtant fort coûteuses : ainsi, les grandes azalées, les bougainvillées et les gardénias, pour ne citer qu'eux, ne vivent que très rarement plus d'une année dans un intérieur, bien qu'ils soient raffinés et indéniablement attrayants à l'époque de leur floraison. Si vous entendez entretenir avec vos plantes des relations harmonieuses — peu importe que ces dernières soient durables ou passagères —, il est donc indispensable que vous sachiez quelle est leur longévité moyenne et dans quelles conditions elles seront susceptibles de vivre plus longtemps.

Faire pousser des plantes d'intérieur, c'est un peu comme élever des enfants : il faut savoir accorder aux unes comme aux autres un brin d'indulgence et de laisser-aller. Plus nombreuses sont les plantes qui périssent par excès que par carence de soins (arrosage excessif, principes nutritifs trop abondants, changements d'exposition continuels). Les magasins d'horticulture commercialisent des instruments permettant de mesurer scientifiquement le degré d'humidité du compost à l'intérieur d'un pot, ou encore la valeur nutritive de ce compost. Si ces dispositifs ont leur utilité au laboratoire, il n'en va pas tout à fait de même dans un intérieur, où l'essentiel est de savoir en quoi consiste le cycle vital et le rythme des plantes, et aussi d'en connaître un minimum sur leur origine.

*Un échantillonnage végétal artistement disposé pour une séance de pose dans le studio du photographe : feuilles, tiges et boutures de bois tendre sont ici préparées pour la reproduction. Le processus scientifique est en lui-même fascinant, mais il ne faut en réalité que bien peu de matériel pour la reproduction des plantes. D'un point de vue strictement décoratif, les fragments de plantes utilisés pour le bouturage n'offrent le plus souvent que peu d'attraits.*

## L'ECLAIRAGE

Toutes les plantes ont besoin de lumière pour vivre, mais en quantité variable selon les espèces. Dans un intérieur, il est fort difficile d'évaluer avec précision l'intensité d'un éclairage, lequel varie grandement d'un point à l'autre d'une même pièce. Tel emplacement qui, à première vue, semble suffisamment clair peut alors se révéler trop sombre pour certaines plantes ou infiniment trop lumineux pour d'autres. C'est d'ordinaire une fenêtre ou une porte vitrée qui dispense l'éclairage à l'intérieur d'une pièce. De plus, l'intensité de la lumière varie selon la proximité d'arbres ou d'édifices avoisinants, selon la saison, et aussi selon l'orientation. La durée d'ensoleillement est maximale pour les ouvertures exposées au sud, et un moindre pour celles qui sont exposées au sud-ouest et au sud-est (c'est bien entendu l'inverse dans l'hémisphère sud). En été, les rayons du soleil tombent presque à la verticale et illuminent directement l'emplacement situé devant une fenêtre. En hiver, au contraire, le soleil est plus bas sur l'horizon et ses rayons, plus faibles, pénètrent presque horizontalement dans la maison, de sorte qu'ils éclairent davantage le fond des pièces. Une fenêtre exposée à l'est bénéficie de la lumière matinale. Mais en hiver celle-ci est beaucoup moins forte qu'en été, et même à la belle saison, à midi, au moment où les rayons du soleil atteignent leur pleine intensité, il sera trop tard pour qu'ils entrent par cette même fenêtre. Les ouvertures exposées à l'ouest recueillent la lumière de fin d'après-midi, faible elle aussi en hiver, mais passablement intense durant les mois d'été. Quant aux fenêtres exposées plein nord (ou plein sud dans l'hémisphère austral), elles ne reçoivent aucune lumière solaire directe, mais en revanche bénéficient tout au long de l'année d'un éclairage indirect relativement constant.

Au moment où la lumière naturelle qui envahit une pièce tombe sur le sol à environ deux mètres de la fenêtre, les plantes n'en profitent guère. Notons cependant que les revêtements muraux de couleur blanche et les miroirs reflètent la lumière et sont à cet égard nettement préférables aux surfaces qui absorbent les couleurs. Disposer des plantes de part et d'autre d'une fenêtre dans l'espoir de leur fournir un lieu d'asile ensoleillé peut paradoxalement aboutir au résultat inverse, car plus épaisse sera l'embrasure, plus sombres seront les emplacements choisis.

Dans les pays de climat tempéré, les horticulteurs recourent à de puissantes sources de lumière artificielle d'appoint, que parfois même ils substituent totalement à l'éclairage naturel. Malheureusement, l'éclairage dont on se contente dans un intérieur est de bien peu de secours aux plantes. En effet, les lampes à incandescence dissipent le plus clair de leur énergie en chaleur, et pour que ces sources lumineuses servent à quelque chose, il conviendrait de les placer si près des végétaux que la chaleur dégagée brûlerait leur feuillage. Les lampes fluorescentes favorisent davantage la croissance des plantes, mais encore faut-il les disposer à peu de distance de ces dernières (une soixantaine de centimètres). Étant donné que ces lampes ne dégagent que relativement peu de chaleur, le risque de brûlure s'en trouve éliminé. En revanche, leur support est bien loin de toujours s'intégrer à l'esthétique du décor. Que les lampes soient entourées d'un réflecteur, suspendues à une tringle à hauteur d'œil, ou encore fixées directement au mur ou au plafond, les fils d'alimentation ne passeront pas inaperçus. Par ailleurs, les dispositifs d'éclairage spécialement conçus pour activer la pousse des plantes émettent une lumière bleu-violet ou rouge, créant ainsi un effet d'incandescence qui n'est pas toujours du meilleur goût. Quant aux lampes à vapeurs de mercure, si elles permettent de stimuler la croissance des végétaux, même à une certaine distance, elles présentent l'inconvénient de consommer énormément d'énergie, et donc d'alourdir la facture d'électricité.

Cactus et plantes grasses exigent pour la plupart un éclairage intense tout au long de l'année. Tel est aussi le cas des espèces à feuillage panaché ou pourpre, qui ne peuvent compenser leur insuffisance chlorophyllienne que par un apport supplémentaire de lumière. Les plantes à feuillage argenté ou gris, ou encore à feuilles cireuses ou veloutées — caractéristiques qui constituent des moyens de défense contre la chaleur, l'ensoleillement intense et la sécheresse régnant dans le milieu d'origine — ne se développent bien elles aussi que si on leur fournit une vive lumière.

Du fait que les végétaux croissent dans la direction de la source qui les éclaire, il faut s'attendre à les voir pousser de guingois si on les garde en permanence sur un appui de fenêtre ou encore, on le devine, partout où l'éclairage provient d'une seule et unique source. Pour éliminer cet inconvénient, il suffit de faire pivoter les plantes sur elles-mêmes, d'un demi-tour ou d'un quart de tour, à intervalles réguliers de quelques jours.

## LA TEMPERATURE

Avec la nature de l'éclairage, ce sont les écarts thermiques qui conditionnent l'adaptation de telle ou telle plante à tel ou tel environnement. Rares sont ceux d'entre nous qui règlent la température d'une pièce en fonction des exigences spécifiques d'un végétal. En règle générale, on achète une plante sans trop s'encombrer de considérations de ce genre, en espérant que tout ira pour le mieux, ou encore on fait en sorte d'en acquérir une qui s'accommode de la température ambiante, comprise d'ordinaire entre 18° et 24° dans un intérieur chauffé par des radiateurs. Il s'ensuit que les plantes originaires de régions subtropicales et tropicales s'acclimatent plus aisément dans un intérieur, surtout en hiver, que celles des pays froids ou tempérés.

Malheureusement, les plantes d'appartement les plus courantes sont pour la plupart originaires de climats tempérés et préfèrent passer l'hiver à une température comprise entre 6° et 7°. Tel est le cas, par exemple, de l'aspidistra, du jasmin, des cyclamens, chrysanthèmes, de l'azalée, de l'hydrangeas, des fuchsias, du lierre, du laurier-rose, des pelargoniums, primevères, cinéraires, des bulbes forcés et de la plus grande partie des fougères. Ce qui en revanche peut surprendre, c'est que les cactus, originaires de climats désertiques, aient eux aussi besoin de températures hivernales, faute de quoi l'éclairage médiocre dont ils disposent ferait d'eux des plantes chétives poussant tout en longueur. Citons encore parmi les palmiers *Chamaerops humilis* d'Europe ou de Chine, *Washingtonia filifera*, le palmier-dattier des Canaries, les rhapis et *Trachycarpus fortunei*, qui tous se plaisent au froid durant l'hiver. Aucun d'eux ne dépérirait du jour au lendemain si on l'exposait à une tempéra-

**Lumière d'hiver**

*En hiver, les rayons lumineux sont très obliques et peuvent gêner considérablement la vision. La lumière hivernale se disperse aussi sur une plus grande surface au sol, mais son intensité est moindre et décroît au fur et à mesure qu'on s'éloigne de la fenêtre.*

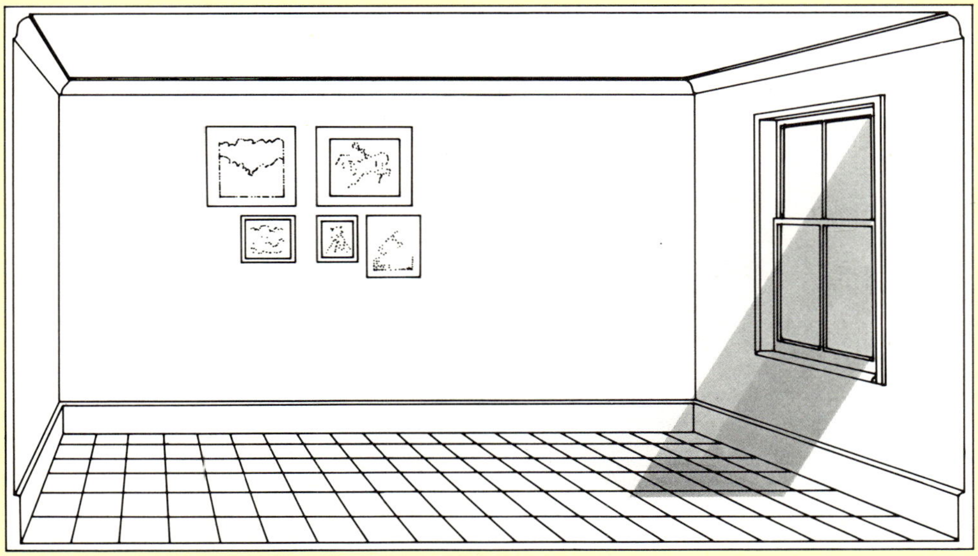

**Lumière d'été**

*En plein été, la lumière tombe du ciel presque verticalement, et par conséquent n'éclaire qu'une petite surface au sol, très près de la fenêtre. Beaucoup plus intense que la lumière hivernale, elle risque de roussir les feuillages et les fleurs fragiles, surtout quand elle est réfractée par une vitre.*

ture excessive, mais sa durée d'existence s'en trouverait abrégée.

Un bon moyen de réduire les effets préjudiciables de chauffage durant l'hiver consiste à faire descendre la température nocturne de la pièce à environ 4°. Reste encore à fournir aux plantes l'humidité qui leur est indispensable. Mais rappelez-vous que des pulvérisations répétées risquent de détériorer l'ameublement et que la condensation continuelle n'arrange pas non plus l'état des murs et des cloisons. Le procédé qui consiste à arroser le sol et les surfaces sur lesquels sont déposées les plantes, comme on le fait couramment dans les serres pour augmenter le degré d'humidité ambiante, est de toute évidence à exclure dans la plupart des pièces d'habitation. Mieux vaut donc placer le pot sur une assiette ou un plat creux dont le fond aura été garni de graviers ou de petits cailloux et recouvert d'une eau qui s'évapore lentement dans l'atmosphère, créant ainsi autour de la plante un microclimat humide. De grandes bassines de plastique ou de zinc conviennent tout particulièrement à cet usage, car on peut y déposer plusieurs pots à la fois sur une même couche de gravier. Pareil microclimat ne conviendrait cependant pas aux cactus et aux plantes grasses, qui ne tarderaient guère à pourrir.

Les chaleurs de la belle saison sont beaucoup moins problématiques. Durant l'été, on ouvre ordinairement les fenêtres pour aérer la maison, et cette pratique est également profitable aux plantes, à tout le moins si on ne les expose pas à une sécheresse excessive. Là encore, un appoint d'humidité ne sera pas de trop.

Quels que soient les écarts de température tolérés par une plante, toute fluctuation thermique soudaine et accusée lui porte presque invariablement préjudice. L'écart maximal que peuvent tolérer la plupart des plantes d'intérieur est de l'ordre de 8°.

## L'EQUILIBRE NUTRITIF

C'est à certaines époques de l'année et pas à d'autres qu'il convient de nourrir les plantes. Le mot « affamé » porte en soi tous les stigmates de la

**L'équilibre nutritif**

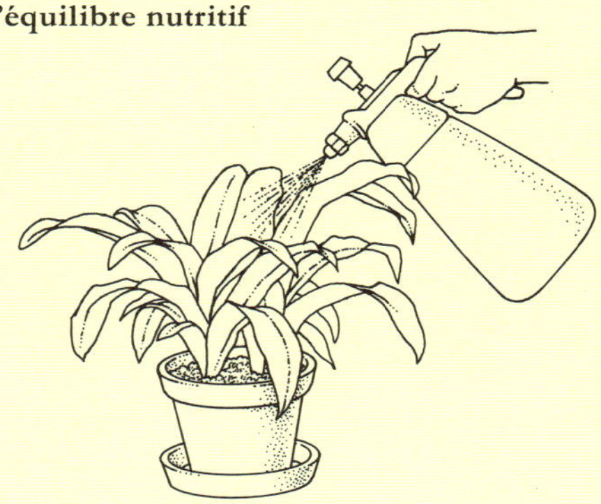

*Un arrosage nutritif du feuillage convient particulièrement aux plantes en état de carence ou dotées de peu de racines.*

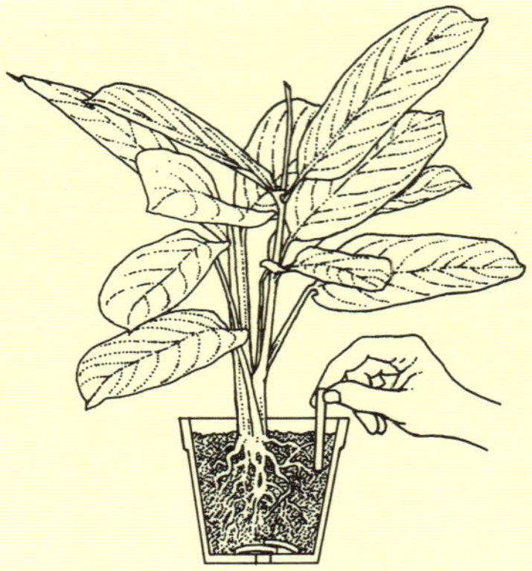

*Les tablettes nutritives à effet retard doivent être fichées dans le compost à bonne distance des racines pour ne pas les brûler.*

*Interposé entre le pot et la soucoupe, le coussinet libère lentement ses principes nutritifs.*

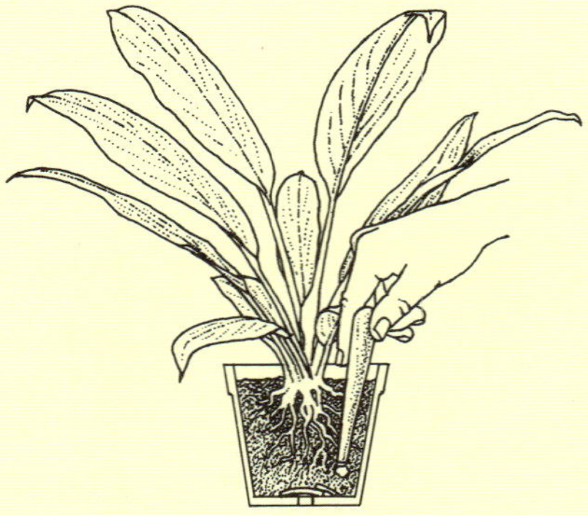

*Les engrais en comprimés doivent être enfoncés profondément dans le compost à l'aide d'un crayon, d'un plantoir ou d'un tournevis.*

*La méthode la plus simple pour nourrir une plante est encore de lui administrer des concentrés ou des poudres nutritives solubles.*

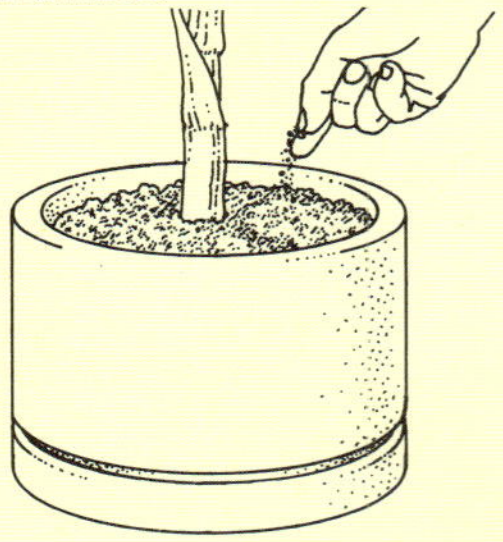

*Ne forcez pas la dose si vous utilisez des engrais en granules. Fiez-vous plutôt au mode d'emploi imprimé sur l'emballage.*

cruauté, alors qu'en fait il est encore beaucoup plus cruel d'apporter à un végétal des éléments nutritifs quand il est en période de repos. Dans leur environnement naturel, les espèces tropicales poussent tout au long de l'année, ayant dans leur lieu d'origine une température et un ensoleillement constamment élevés. Mais dans un climat tempéré, elles sont amenées à cesser toute activité de croissance durant les mois d'hiver, sauf bien entendu si on leur fournit en permanence un éclairage artificiel.

Nourrissez donc vos plantes quand elles sont en pleine croissance, c'est-à-dire le plus souvent au printemps et en été, mais pas toujours cependant, car certaines espèces — *Zygocactus truncatus* et le cyclamen, par exemple — ont besoin de se nourrir en hiver, saison durant laquelle elles fleurissent d'ordinaire. De la même manière que la floraison, d'autres phénomènes indiquent qu'une plante est entrée dans une phase de croissance active, en particulier la pousse de rejets, de feuilles et de fruits. Une plante acquise ou empotée de fraîche date ne devrait normalement pas avoir besoin qu'on la nourrisse au départ, même en période de croissance, étant donné que le milieu dans lequel elle pousse contient une réserve d'éléments nutritifs suffisante pour un mois (s'il s'agit d'un compost à base de tourbe), et même pour deux ou trois mois (s'il s'agit d'un compost à base de terreau). Un excès d'éléments nutritifs peut ralentir la croissance, débiliter la plante, et aussi provoquer le dépôt dans le compost de sels minéraux qui risquent de brûler les racines. D'autre part, quand les feuilles d'une plante d'acquisition récente sont anormalement pâles, peu développées ou cernées d'une frange brunâtre, ou quand celle-ci n'arrive pas à fleurir, ou encore ne manifeste aucun signe de croissance à l'époque de la pousse, il devient indispensable de la nourrir.

Quand vient l'époque de la pousse, nourrissez vos plantes une fois par semaine, sauf s'il s'agit d'espèces à croissance lente, en quel cas un traitement bimensuel sera suffisant. Le plus commode est d'utiliser des concentrés ou des poudres à diluer ou dissoudre dans l'eau d'arrosage du compost. Si celui-ci est légèrement humide, les engrais n'en agiront que mieux. Une autre méthode consiste à interposer des pastilles imprégnées de substances nutritives entre le pot et la soucoupe. En absorbant l'eau recueillie par la soucoupe, la pastille libère progressivement l'engrais qu'elle contient, lequel est ensuite entraîné dans le compost par l'orifice de drainage du pot. Les bâtonnets nutritifs sont d'un prix relativement élevé, mais une fois introduits dans le compost ils peuvent nourrir la plante pendant presque six mois. Plusieurs bâtonnets à la fois sont nécessaires si la plante est massive, alors que d'ordinaire un seul suffit aux espèces de taille modeste. Pour mettre en place un bâtonnet, prenez la précaution de l'introduire dans le compost en le faisant glisser le long du bord intérieur du pot, car il risquerait de brûler les racines si vous l'ameniez directement à leur contact.

Certaines solutions nutritives sont destinées à être pulvérisées sur le feuillage, qui les absorbe beaucoup plus rapidement que les racines n'absorbent les engrais contenus dans le compost. Ces solutions sont tout particulièrement indiquées chez les plantes dotées d'un système radiculaire peu développé — les broméliacées, les cactées épiphytes, les fougères — ou chez celles qui, pendant un certain temps, ont souffert de carences nutritionnelles. Ces pulvérisations peuvent endommager les meubles avoisinants. Il est donc plus prudent de commencer par transporter la plante à traiter dans le jardin, la baignoire ou l'évier.

La plupart des plantes réagissent à un mélange d'engrais bien équilibré. Entendons par là un mélange qui contient en proportions sensiblement égales des nitrates, des phosphates et de la potasse additionnés d'une quantité infinitésimale de divers sels minéraux. Il n'est pas rare que les horticulteurs modifient à plusieurs reprises la composition du traitement nutritif durant la période de croissance, et on trouve dans le commerce différents types d'engrais chimiques spécialisés. Les plus riches en nitrates sont plus particulièrement recommandés pour les plantes à feuillage fourni, et d'une façon plus générale pour tous les végétaux au début de leur période de croissance, alors qu'on réserve de préférence les plus riches en phosphates aux plantes à fleurs quand elles font leurs bourgeons ou amorcent leur floraison. Les engrais dans lesquels la potasse domine conviennent surtout aux plantes épuisées par leur floraison, et qui ont besoin de reconstituer leurs forces pour l'année suivante. Enfin, certaines plantes telles que le stephanotis réagissent aux engrais dits « acides », lesquels contiennent une faible quantité de fer ferrique. Mais quel que soit l'engrais utilisé, la règle d'or à respecter est la suivante : dans le doute, mieux vaut pécher par défaut que par excès.

## L'ARROSAGE

Arrosage et nutrition sont étroitement liés l'un à l'autre. C'est au moment où elles sont en pleine croissance (d'ordinaire quand les degrés de température et d'humidité sont élevés) que les plantes d'intérieur ont le plus besoin d'eau et d'éléments nutritifs. La quantité d'eau, la fréquence et le mode d'arrosage dépendent de divers facteurs. Disons, d'une façon générale, que les espèces originaires des forêts tropicales humides, les plantes de grande taille ou pourvues de feuilles larges et minces, celles que l'on cultive en pot, ou encore celles qui poussent dans des récipients de vaste capacité, des pots d'argile ou des composts à base de tourbe, exigent toutes un arrosage abondant. En revanche, celles qui nous viennent de climats chauds et secs, en particulier les plantes grasses et charnues, ou bien celles qui viennent d'être empotées ou rempotées, ou encore celles qui poussent dans du compost à base de terreau ou dans des pots de plastique, exigent comparativement beaucoup moins d'eau.

Mais il arrive, bien entendu, que ces directives très générales se contredisent. Tel est le cas par exemple quand une plante à grandes feuilles a été empotée depuis peu dans un pot d'argile contenant un compost à base de terreau. En pareille circonstance, et bien que les exceptions soient inévitables, il convient de couper la poire en deux, c'est-à-dire de ne pas laisser le compost se dessécher totalement durant la période de croissance, ni non plus de le maintenir continuellement en état d'imbibition. Chaque fois que le compost se dessèche sur une épaisseur d'un demi-centimètre environ, arrosez en surface. Faites-le minutieusement, avec de l'eau à la température ambiante, et ne renouvelez l'opération qu'après que le compost aura reformé de nouveau une croûte. Une légère pression des doigts en surface doit vous renseigner sur son degré de dessèchement. Si vous sentez une résistance, arrosez, et de préférence durant la journée, car le soir la température chute, ce qui favorise le développement de moisissures pathogènes.

Divers signes témoignent de l'état de dessiccation d'un compost. D'abord, il devient plus léger, plus clair qu'un compost gorgé d'eau. Ensuite, s'il est contenu dans un pot en terre cuite, il forme en surface une légère dépression et « sonne le creux » quand on le tapote. Alors qu'au contraire un compost humide rend un son plus sourd et plus mat. Un compost à base de tourbe qui s'écarte des parois d'un pot indique un état de dessèchement avancé qui impose une mesure d'urgence : il convient alors d'immerger le pot dans un seau ou un évier et de l'y laisser jusqu'à ce que les bulles d'air cessent de remonter à la surface.

Les plantes ont d'ailleurs plus d'un moyen de faire comprendre d'elles-mêmes qu'elles ont soif : elles se flétrissent, perdent leurs boutons ou leurs feuilles les plus basses, voire toutes leurs feuilles dans les cas extrêmes, ou ne produisent que des fleurs dont la durée de vie est anormalement courte, ou encore demeurent chétives et rabougries. Malheureusement, ces symptômes sont parfois dus à d'autres causes. C'est ainsi que des fluctuations thermiques très accusées peuvent provoquer la chute de leurs boutons. Il en va de l'arrosage comme des éléments nutritifs : mieux vaut arroser avec parcimonie qu'à l'excès.

Une plante s'irrigue aussi bien de haut en bas que de bas en haut. En effet, on peut indifféremment déverser l'eau directement sur le compost, afin de combler l'interstice qui le sépare de la paroi du pot et de recouvrir la croûte de surface pour imbiber la motte, quitte à répéter l'opération si nécessaire, ou encore déposer le pot pendant une trentaine de minutes dans une soucoupe ou une assiette creuse remplie d'eau ; en quel cas il conviendra ensuite de vider l'eau qui n'aura pas été absorbée. Ce mode d'irrigation de bas en haut convient plus particulièrement aux espèces pourvues d'un feuillage foisonnant ou cireux, aux plantes charnues à celles dont le bulbe pourrit aisément.

L'eau du robinet contient souvent du calcaire, que redoutent particulièrement certaines plantes d'intérieur telles que l'azalée. L'ébullition éliminera une partie de ce calcaire, et l'administration de fer ferrique l'empêchera de s'accumuler dans le compost (pour le dosage, consultez le mode d'emploi imprimé sur l'emballage). Pour arroser ces plantes relativement fragiles, les puristes recueillent l'eau de pluie, ce qui n'est pas toujours commode.

## LES SOINS SAISONNIERS

D'une façon générale, la faible intensité de la lumière et la baisse de température qu'on observe durant l'hiver dans les pays tempérés provoquent une mise en veilleuse de l'activité naturelle des végétaux. Leur croissance étant alors freinée, leur transpiration (ou évacuation de l'eau par le feuillage) ralentie, il n'est plus nécessaire de les arroser et de les nourrir aussi copieusement. Car, si pendant la mauvaise saison on fournit aux plantes d'intérieur de l'eau et de la nourriture en abondance, elles continueront de pousser, surtout dans une pièce où le chauffage central maintient la température constante, mais eu égard à l'insuffisance de l'éclairement, cette nouvelle pousse, faible, s'exposera aux parasites et aux maladies. Quant aux plantes originaires des régions tempérées, elles n'en seront que davantage fragilisées si on les prive de leur période naturelle de mise en sommeil. Au printemps et en été, c'est-à-dire quand les végétaux poussent le plus activement du fait de l'augmentation de la durée d'ensoleillement et de l'élévation thermique, il est indispensable d'augmenter l'arrosage et la ration nutritive et, s'il s'agit d'espèces tropicales ou semi-tropicales, d'augmenter aussi l'humidité ambiante. C'est aussi pendant ces mois chauds et ensoleillés que les insectes et autres agents pathogènes se réveillent après un long sommeil hivernal. On les surveillera donc avec vigilance, surtout au printemps.

Au cycle proprement saisonnier vient se superposer celui de la floraison. C'est en grande partie le nombre d'heures quotidiennes de lumière et d'obscurité qui conditionne le moment où une plante fleurit. Chez les plantes dites « d'hiver » — le cyclamen de Perse, certains iris, le perce-neige, les poinsettias, les chrysanthèmes —, la floraison est préparée par au moins deux mois de longues nuits et de journées brèves. Si pendant toute l'année nous pouvons acheter des chrysanthèmes en pots, c'est uniquement à l'ingéniosité des horticulteurs que nous le devons : pour « décider » les plantes à fleurir, ils les soumettent durant des semaines à une alternance d'éclairage et d'obscurité artificiellement prolongée sous serre. Les plantes en fleurs ont besoin d'eau et d'éléments nutritifs, quelle que soit l'époque de la floraison, mais plus encore à la saison chaude qu'à la saison froide. Diverses espèces — citons encore le cyclamen de Perse — entrent en sommeil durant les mois d'été. On doit alors cesser totalement de les arroser.

A cette même époque de l'année, nombre de végétaux profitent grandement de vacances à l'extérieur de la maison. Ceux qui aiment le soleil pourront alors séjourner plus longtemps en pleine lumière et ceux qui préfèrent l'ombrage pourront eux aussi s'aérer tout à loisir. L'important, c'est de les abriter, car le vent peut abîmer ou brunir leur feuillage. De plus, bien des plantes d'appartement, surtout celles dont les feuilles sont minces, doivent être protégées d'un ensoleillement direct et trop intense durant les mois les plus chauds de l'année. A cette époque, très rares sont les plantes d'intérieur qui peuvent supporter d'être exposées aux rayons solaires pénétrant dans la maison par une fenêtre exposée au sud (au nord dans l'hémisphère sud), car cet emplacement est infiniment plus torride qu'à l'extérieur et sous le même soleil. En pareil cas, déplacez vos plantes pour les soustraire à la lumière, ou bien protégez-les par des voilages transparents ou un store vénitien.

## LE FORÇAGE DES BULBES

On peut aisément forcer les tulipes, les jacinthes et les jonquilles à éclore bien avant l'époque de leur floraison naturelle, et souvent on les commercialise « prêtes à fleurir » après avoir stoppé juste à temps leur croissance par un séjour en chambre froide. Bien qu'on ne puisse « pousser » de la même façon diverses autres espèces — l'éranthis, le chionodoxa, le muscari, le scilla, l'iris nain, le crocus, le fritillaire — en les soumettant à un traitement spécial ou à une température élevée, il reste que leur floraison est un

**Le forçage des jacinthes**

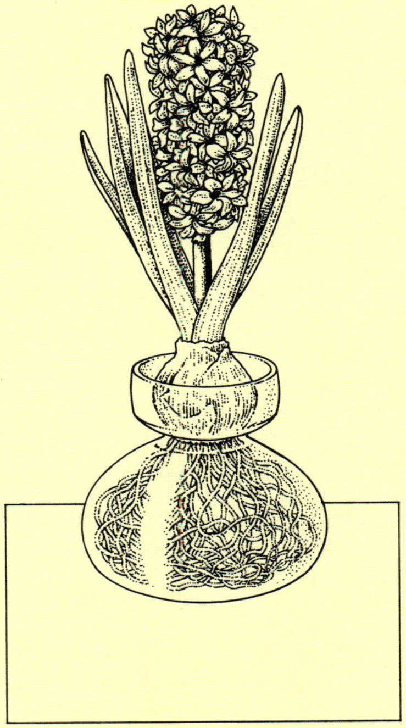

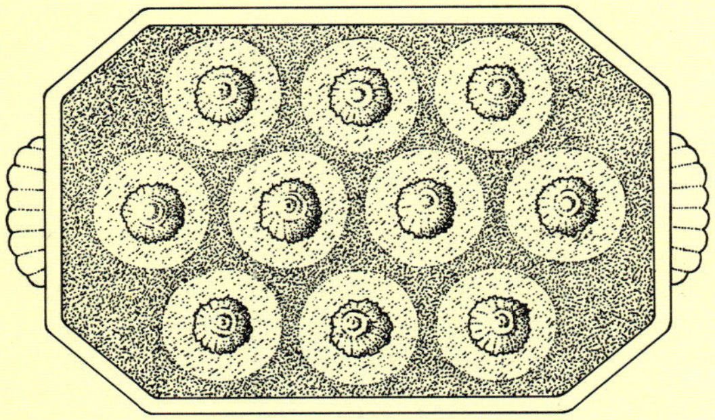

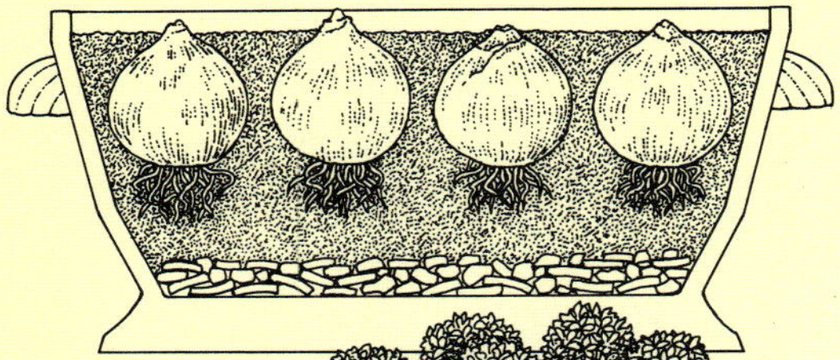

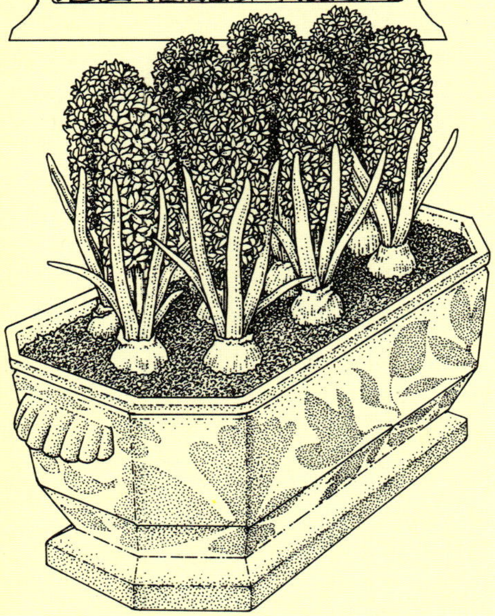

*Ci-dessus : observée dans une des carafes en forme un peu particulière qu'on réserve à cet usage, la pousse des racines de jacinthes est souvent tout aussi spectaculaire que le déploiement de la hampe florale.*

*A droite : en terrine, plantez vos bulbes côte à côte, mais sans qu'ils se touchent, dans du compost à base de tourbe, en ne laissant apparaître en surface que leur extrémité supérieure. Un lit de blocaille préviendra l'engorgement du compost, principal responsable du dépérissement de la plante avec l'élévation excessive de la température lors des premières étapes du forçage.*

**Pendant les vacances**

*Déposez directement vos plantes sur une serpillière dont une extrémité plonge dans l'eau de l'évier. Celle-ci sera absorbée et véhiculée par capillarité vers le compost (et donc vers les racines) par les orifices de drainage des pots.*

peu plus précoce en intérieur qu'en pleine terre, et que, bien sûr, leurs fleurs ne risquent pas d'y souffrir du froid. Plantez les oignons côte à côte, mais sans qu'ils se touchent, et autant que possible dès le début de l'automne, afin de leur donner le temps de s'enraciner suffisamment. Laissez les pousses naissantes de tulipes, de jacinthes et de narcisses affleurer à l'air libre. Sur les bulbes des autres espèces, appliquez une couche de compost de manière à juste les recouvrir. Arrosez, mais sans excès, et remisez pendant au moins six mois votre plantation dans un endroit obscur et frais (9° au maximum), mais abrité du gel. Le compost doit demeurer humide, mais sans plus. Sitôt que les jeunes pousses s'affirment, on peut entreposer le bac pendant deux semaines environ dans un endroit un peu plus chaud, à l'ombre, avant de le faire migrer définitivement dans une pièce à température normale et bien éclairée. En préparant plusieurs plantations dans différents bacs, rien de plus simple que de faire durer le spectacle de la floraison : les bulbes plantés ne risquent absolument rien si on les laisse au frais et dans l'obscurité pendant un mois après la formation des nouvelles pousses, de sorte que chaque semaine vous aurez sous la main un nouveau bac qui se mettra à fleurir au moment où le précédent donnera des signes d'étiolement. Et si vous ne disposez chez vous d'aucun endroit frais et obscur dans lequel vous puissiez laisser vos bulbes en attente, rien ne vous empêche d'en acheter qui soient en pousses ou déjà en fleurs.

## LES SOINS DE VACANCES

Rien ne remplace l'ami ou le voisin sur qui vous pouvez compter pour surveiller vos pensionnaires en votre absence. Si ces dernières sont nombreuses, et si vous disposez d'une serre ou d'un jardin d'hiver, pourquoi ne regrouperiez-vous pas quelques amis qui comme vous sont amoureux des plantes pour constituer une sorte de comité de surveillance ? Mais d'ordinaire, il vous suffira de soustraire vos plantes aux rayons solaires directs et de les arroser copieusement pour vous absenter l'esprit tranquille pendant quelques jours si vous ne trouvez personne

**Une tente pour les vacances**

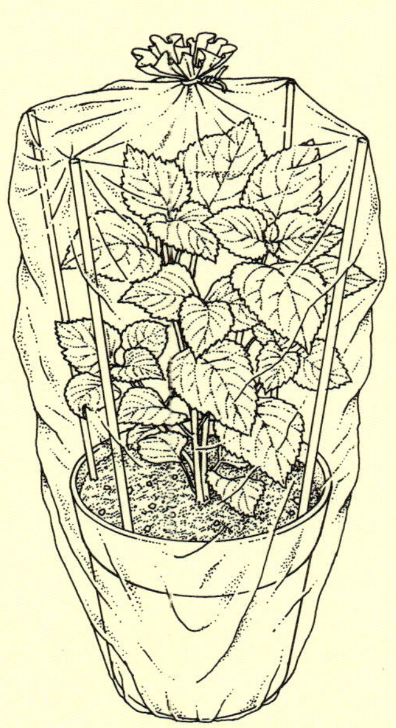

*Sauf s'il s'agit de plantes chevelues, ou encore à feuilles grises, cireuses ou veloutées, un sac en plastique transparent tiendra lieu de tenue de vacances idéale.*

qui puisse s'occuper d'elles avec sollicitude. Quoi qu'il en soit, les quelques mesures que nous allons décrire feront l'affaire.

Si vous vous absentez durant l'automne, l'hiver ou le printemps, baissez le chauffage afin que la température intérieure ne dépasse pas 10° environ, voire un peu moins. Cette initiative aura pour effet de réduire la transpiration de vos plantes, et par voie de conséquence leur soif. De plus, si vous les regroupez en formation serrée, elles resteront plus longtemps humides, surtout si vous les disposez sur des plateaux ou des récipients creux dont le fond aura été garni de graviers immergés sous une mince épaisseur d'eau. Si vous déménagez dans la salle de bains toutes vos plantes pour les disposer dans les mêmes conditions (dans des récipients creux garnis de graviers immergés), et si en outre vous remplissez d'eau la baignoire, vous créerez un microclimat de forte hygrométrie. Mais pareille mesure est à déconseiller dans une salle de bains dépourvue de fenêtre, car la lumière naturelle est indispensable aux plantes, surtout si elles doivent séjourner là pendant une semaine ou plus. On peut encore arroser généreusement une plante et l'enfermer dans un sac en plastique transparent maintenu en forme par des tiges de jonc ou de bambou, ce qui suffit à créer autour d'elle un environnement tout aussi humide (à la condition de soustraire la plante à un ensoleillement direct, en quel cas elle périrait dans une véritable étuve).

Une serpillière vous sera fort utile si ce sont de petits plants en pots de plastique que vous délaissez pour quelque temps. Le mieux consiste alors à étendre l'une des extrémités de la serpillière sur l'égouttoir de l'évier et à immerger l'autre dans la cuve remplie d'eau. Déposez directement vos pots sur la serpillière, qui par capillarité acheminera l'eau vers le compost à travers les orifices de drainage.

On trouve également dans le commerce des systèmes plus compliqués d'irrigation au goutte-à-goutte permettant de distribuer très lentement l'eau d'un réservoir central à des plantes contenues dans différents bacs. Les modèles les plus élaborés sont même pourvus de détecteurs qui mesurent le degré d'humidification du compost et règlent à la demande le débit de l'eau d'irrigation.

Si, en dépit de tous vos efforts, vous constatez que vos plantes ont séché sur pied, immergez totalement leur pot dans l'évier ou dans un seau, puis laissez-les se gorger d'eau jusqu'à ce que les bulles d'air cessent de remonter à la surface, et profitez de ce bain pour détremper aussi le feuillage. Si la plante est trop volumineuse pour être immergée en totalité, servez-vous d'un vaporisateur pour humidifier les feuilles.

Les plantes sont étonnamment coriaces, et il arrive souvent qu'elles se remettent à pousser alors même que leurs racines semblent avoir dépéri sous l'effet de la sécheresse (ou du gel). Mais il leur faut parfois des années pour reprendre leur taille d'avant. C'est dire que dans l'intervalle elles ne sont guère reluisantes. Quant à savoir si une aussi longue attente justifie ou non tant de soins et de soucis, c'est à vous d'en décider.

## LA TAILLE

Si certaines plantes qui poussent avec exubérance dans leur habitat d'origine peuvent croître avec la même rapidité dans les conditions idéales que leur offre une serre ou un jardin d'hiver, rares sont celles qui, dans le confinement d'un cadre d'habitation normal, se développent aussi vite ou deviennent aussi volumineuses qu'en pleine nature. En règle générale, la plupart des plantes poussent très lentement dans une maison, y conservent longtemps la même taille, ou encore refusent purement et simplement de grandir. Mais dans le cas, fort improbable, où une plante d'appartement deviendrait tellement luxuriante qu'elle ne trouverait plus sa place dans la pièce qui l'abrite, il serait tout de même plus avisé d'en faire cadeau à un amateur que de la mutiler. Rappelons que, du point de vue qui est ici le nôtre — celui de la décoration d'intérieur —, la qualité première d'une plante, pour autant qu'elle soit saine et de bonne pousse, tient au volume qu'elle occupe.

En certaines occasions pourtant, un brin de taille dans les règles de l'art s'impose. Le pincement — opération qui consiste à couper l'extrémité des jeunes rameaux — stimule la croissance des bourgeons secondaires. Quand on pince une plante, on ne retranche guère qu'un demi-centimètre environ de ses pousses, taille qui passe à peu près inaperçue, mais qui a pour résultat de rendre la plante plus feuillue, et bien souvent aussi la floraison plus abondante. Le fuchsia et le pelargonium, par exemple, sont l'un comme l'autre grandement embellis par un pincement régulier (opération qu'ils ont déjà subie à bien des reprises avant qu'on ne les commercialise). La même remarque vaut pour la balsamine, la misère, *Beloperone guttata* et la zebrina. Il ne servirait à rien de pincer des plantes d'intérieur qui ne font pas de nouvelles pousses à partir de l'aisselle des feuilles. Avec les palmiers, les broméliacées, les cactées et les espèces dont le feuillage procède directement d'un rhizome (l'aspidistra, par exemple), aucun pincement ne s'impose.

Si cette opération peut se pratiquer à n'importe quel moment de l'année, elle donne cependant de meilleurs résultats au tout début de la pousse, c'est-à-dire dans les premières semaines du printemps. Mais on ne doit pas en rester là : il faut recommencer à trois ou quatre reprises durant la période de croissance, car les pousses secondaires exigent elles aussi qu'on les pince. D'ordinaire, les ongles du pouce et de l'index y suffisent, car les parties à sectionner sont tendres. Si le végétal est plus ligneux, munissez-vous de ciseaux ou d'un couteau bien effilé. Et ne coupez qu'au-dessus d'une articulation simple ou double.

Une taille plus sévère — et qui revient à éliminer en presque totalité les jeunes pousses — ne se justifie que si une plante se dégarnit à la base, ou si encore un rameau de longueur exagérée la déséquilibre et rend son port disgracieux. Là encore, mieux vaut s'y prendre dès le début de la période de croissance, en se servant d'un sécateur ou d'un couteau bien aiguisé. Plus sévère sera la taille, et plus abondante la nouvelle pousse, à tout le moins dans des conditions idéales. Dans les pépinières, on n'hésite pas à étêter à la fin de chaque hiver le plumbago en retranchant la moitié supérieure de sa tige et à couper toutes ses pousses qui manquent de vigueur à environ deux centimètres de leur base. Le résultat n'a certes rien d'esthétique, mais rien non plus d'irrémédiable puisqu'à la fin du printemps suivant, grâce à la luminosité qui règne dans les serres et à l'équilibre presque parfait de l'arrosage et de l'apport nutritif, une nouvelle pousse aura remplacé ce qui avait été émondé, et plus tard la floraison n'en sera que plus abondante. Ces conditions d'éclairage et de régime nutritif étant difficiles à réunir dans un intérieur, le résultat risque d'être plus décevant, voire inexistant. Enfin, beaucoup de pépiniéristes soustraient à la vue des visiteurs les plantes nouvellement taillées, qu'ils remisent dans une serre prévue à cet effet, alors que dans un intérieur il faut bon gré mal gré s'habituer pour un temps au spectacle déprimant des plantes mutilées par une taille sévère.

Il est impératif d'éliminer tous les bourgeons qui se forment sur la tige principale d'une plante d'ornement si on veut conserver à celle-ci son équilibre esthétique. La même précaution s'impose avec les plantes panachées quand elles font des pousses d'un vert uniforme, faute de quoi ces dernières ne tarderaient pas à reprendre le dessus, et le végétal reviendrait à son état primitif.

Bien qu'il ne s'agisse pas là de taille proprement dite, on améliore considérablement l'aspect d'une plante tout en la prémunissant contre les risques d'infection par les parasites si on la débarrasse régulièrement de ses feuilles fanées, brunies ou endommagées. La résection d'une tête qui a dépéri ou de fleurs fanées sera elle aussi des plus salutaires, puisqu'elle conservera à la plante un bel aspect, l'empêchera de gaspiller ses ressources en formant des graines et stimulera la production d'une quantité accrue de fleurs.

## LA REPRODUCTION

Inépuisable source d'émerveillement, la reproduction des végétaux est en soi tellement fascinante qu'on en vient à ne plus se préoccuper que d'elle, au risque de se désintéresser quelque peu du produit lui-même ou de l'emplacement auquel on le destine.

En revanche, le matériel indispensable n'a, lui, rien de follement attirant. Bien qu'on trouve dans le commerce des châssis agréables à l'œil, ceux-ci trouvent davantage leur place dans une serre ou dans une remise que dans le salon ou le jardin d'hiver. C'est le plus souvent sur l'appui de la fenêtre de la cuisine que s'alignent les pots de yaourt ou les fioles remplies d'eau ou d'algues dans lesquels de modestes fragments de plantes font de leur mieux pour développer leurs racines. Diverses tentatives ont été faites, mais en pure perte, pour métamorphoser en objets d'art des châssis en verre ou en plastique transparent. Il existe aussi des globes creux percés de trous dans lesquels on introduit les boutures, et que l'on peut pendre pour décorer un intérieur. Mais il est quasi impossible de les nettoyer, et très rapidement leur surface interne se recouvre d'un dépôt visqueux aussi préjudiciable aux plantes que désagréable à l'œil.

Les très jeunes plants n'ont en eux-mêmes rien de bien spectaculaire. Alors qu'un chlorophytum bien développé et entouré de multiples rejetons à diverses étapes de leur croissance revêt un somptueux aspect, un seul de ces rejetons séparé de la plante mère semble tout simplement perdu dans une pièce, quelle que soit sa taille. Par ailleurs, une plante volumineuse aura toujours bien meilleure allure qu'un égal volume végétal composé de plusieurs petites plantes. Dans certains cas, mieux vaut renoncer à reproduire vos propres plantes, car il est plus avisé d'acheter plusieurs végétaux de même espèce et de les faire pousser dans une même jardinière de grande capacité. C'est même là une règle chez les producteurs de plantes ornementales : les spécimens massifs de ficus et du palmier kentia, par exemple, sont souvent constitués d'une plante de grande taille poussant au milieu du pot et entourée de plantes identiques, mais plus petites, qui camouflent sa base, naturellement clairsemée. Ainsi, on peut en un rien de temps subdiviser un clivia de bonne pousse en six ou huit plantes totalement autonomes. Ce « dédoublement », pour employer l'expression des jardiniers, peut tout aussi bien se pratiquer sur un bilbergia, un aspidistra, ou sur n'importe quelle cactée ou plante grasse formant des excroissances. Mais cette possibilité n'implique pas qu'on doive systématiquement recourir à un tel procédé, en particulier si l'on se place du point de vue de la décoration d'intérieur.

Il est d'usage de garder parfaitement dégagée la surface du compost qui garnit un pot, ce qui facilite l'arrosage et produit meilleur effet. Mais du moment qu'un réseau dense de racines enchevêtrées n'affleure pas à cette surface ou ne la recouvre pas, on peut sans inconvénient se servir d'elle pour faire croître de nouvelles pousses. Trois ou quatre jeunes plants de chlorophytum, par exemple, se développeront très bien si on les pique dans le compost d'un pot de vingt centimètres qui abrite déjà une autre plante. Au bout d'un certain temps, ils auront pris suffisamment de vitalité pour déborder sur la périphérie du pot et former des stolons dont les extrémités donneront à leur tour naissance à de nouvelles plantules. Ce processus reproductif n'en sera que davantage favorisé si le pot en question donne asile à une plante à croissance verticale, et de préférence à tige unique, comme l'oranger, le citronnier, le kumquat, le pomélo, ou encore le laurier-rose. En revanche, les plantes qui naturellement poussent à l'horizontale, ou qui colonisent la totalité du pot, n'ont pas les qualités requises pour faire de bonnes « nourrices ».

Après un certain temps, si les jeunes plantes gênent le développement de leur hôte, ou encore introduisent dans le décor un élément disgracieux, il conviendra de les transplanter dans des pots individuels. Mais certaines associations peuvent fort bien se transformer en compagnonnage durable. Ainsi, quelques brins de lierre (panaché ou vert uniforme) piqués dans le compost d'un laurier-sauce prendront vite racine et un peu plus tard recouvriront toute la surface du compost d'un agréable tapis de feuillage. Plus tard encore, le lierre débordera sur toute la périphérie du pot et retombera le long de ses parois extérieures. Il faudra bien entendu pratiquer quelques tailles judicieuses pour contenir son exubérance, mais les segments retranchés pourront de nouveau servir de boutures et donner ailleurs le départ à une nouvelle colonie, ou encore s'intégrer à une décoration florale. D'autres espèces peuvent jouer le même rôle. Citons à titre d'exemples les misères, tradescantia et zebrina, le tolméia, le bryophyllum, le chlorophytum, l'asplenium, le callisia (très voisin de la misère par son aspect), l'helxine, ou encore divers aloès de petite taille comme *Aloe brevifolia.* Il est de première importance que les exigences phytobiologiques de l'invité s'accordent à celles de son hôte. L'aloès, par exemple, se plaît en pleine lumière et dans un compost relativement sec. Il serait donc inutile de chercher à en faire coexister quelques-uns avec des pieds de fougère qui, eux, ont besoin d'ombre et d'humidité pour se développer harmonieusement.

De la même manière que certaines plantes font de meilleures « nourrices » que d'autres, il en existe aussi dont les chances de développement sont plus grandes quand on cherche à les reproduire. Les végétaux que l'on plante alors qu'ils sont déjà pourvus de racines — les plants, les rejets ou les spécimens dédoublés, par exemple — sont moins en péril que les autres. Les boutures faites d'une extrémité de rameau coupée ou provenant d'une espèce à tige souple ont elles aussi la propriété de former très vite des racines à partir des œilletons. Tel est le cas de la balsamine, du coleus et du pelargonium. Les boutures prélevées sur des tiges anciennes de plantes d'appartement ont tendance à ne former que très lentement leurs racines et seulement à certaines conditions : il faut leur fournir une forte humidité et les chauffer par en dessous. Aussi est-il préférable de ne pas chercher à les reproduire. Si ce sont des tiges souples que vous désirez bouturer, commencez par les dépouiller de leurs feuilles basses avant de piquer leur moitié inférieure dans le compost. Plantez-les en couronne à peu de distance du bord du pot, là où le drainage se fait aisément et où elles entrent le moins en concurrence avec les racines de l'occupant attitré des lieux.

L'association dans un même pot d'une plante à croissance verticale et d'une autre qui, elle, forme un tapis de feuillage autour de son pied tout en partageant les mêmes exigences phytobiologiques est nettement plus séduisante ; en effet, toutes les précautions qu'il convient de prendre quand on veut reproduire un végétal deviennent alors superflues. La surface du compost, qui en soi n'a rien de bien attrayant, est alors camouflée, et le foisonnement du feuillage qui retombe sur les bords du bac apaise l'œil. Mais l'harmonie et la cohésion de l'ensemble ont toutes les chances d'être rompues quand on cherche à faire pousser des spécimens de différentes espèces autour d'un hôte unique. Réussir des plantations mixtes de ce genre sans tomber dans le maniérisme est tout un art, même si les espèces qui cohabitent s'accordent parfaitement les unes avec les autres, biologiquement parlant.

Les plantes qui forment leurs racines dans l'eau peuvent devenir en elles-mêmes des éléments décoratifs quand elles développent leur système radiculaire. Faites-en vous-même l'expérience avec des boutures de dix à quinze centimètres de coleus, de balsamine, de pervenche de Madagascar, de bégonia, de lierre, de laurier-rose ou de pelargonium. Il n'est nullement indispensable de les faire pousser dans un flacon qui rappelle la clinique. Certains s'intégreront plus agréablement au décor de la pièce. L'important est de tenir les vôtres méticuleusement propres, en changeant l'eau tous les jours pour surveiller l'état des boutures. Parfois une ou deux feuilles dépérissent avant même que les racines ne se forment. Éliminez-les. N'hésitez pas non plus à éliminer les boutures qui commencent à pourrir. Et assurez-vous aussi qu'aucune feuille n'est immergée, ce qui causerait immanquablement son pourrissement.

**Une pépinière dans un seul pot**

*Certaines espèces qui se reproduisent sans la moindre difficulté développeront aussi aisément leurs racines dans le compost d'un pot occupé par une autre plante que dans un bac destiné à la reproduction. Ici, une saxifrage et un citrus font de toute évidence bon ménage. Dans quelque temps, on pourra transplanter les jeunes plants dans des pots individuels, ou encore les laisser jouer en permanence leur rôle de tapis végétal.*

## L'ACHAT DES PLANTES

Levez-vous de bon matin pour vous rendre au marché en gros et vous y verrez des véhicules de toutes tailles décharger les plantes les plus diverses, depuis les plus rares jusqu'à celles qui garnissent la charrette du marchand des quatre-saisons. Un peu plus tard dans la matinée, les mêmes plantes d'appartement feront leur apparition sur les étagères de maints fleuristes, proposées à des prix éminemment variables, et de toute évidence beaucoup plus élevés dans les quartiers chics, où il n'est pas rare qu'on les vende trois à quatre fois plus cher qu'ailleurs. Les grandes surfaces, en revanche, achètent en gros des centaines de milliers de plantes d'appartement et les commercialisent si massivement qu'elles peuvent se contenter de marges bénéficiaires très modestes et faire tomber les prix. Par ailleurs, les frais généraux des vendeurs exerçant leur commerce sur les marchés sont très faibles, ce qui leur permet de vendre au plus bas prix.

Le coût des plantes d'intérieur varie également d'une saison à l'autre et selon les fluctuations de l'offre et de la demande. Acquérir des poinsettias dans la semaine qui suit Noël revient à peu près à acheter des œufs de Pâques après le dimanche pascal : on peut s'en procurer pour presque rien, pour autant qu'on ne soit pas blasé. Il n'est pas mauvais non plus de jeter un coup d'œil dans plusieurs points de vente avant de se décider, à la condition d'être capable de reconnaître au premier regard un végétal en pleine santé d'un autre en piteux état. Car, si on a tendance à se méfier des plantes d'appartement vendues à bas prix, il faut savoir aussi que dépenser une petite fortune pour en acquérir une ne garantit nullement qu'elle est au mieux de sa forme.

Il en va des plantes d'intérieur comme des fleurs coupées : c'est quand toutes les fleurs sont ouvertes qu'elles prennent tout leur éclat. S'il s'agit d'une plante bon marché que vous savez éphémère — un calcéolaire ou une cinéraire, par exemple — mais qui en jette plein la vue et qui pourrait le soir même décorer votre table parce que vous recevez, vous auriez tort de vous en priver. Le problème se pose moins s'il s'agit d'une espèce durable et coûteuse — un hoya, un jasmin, un clivia — dont vous attendez une nouvelle floraison l'année suivante. Mais si votre ambition est d'acquérir une plante qui fleurisse relativement longtemps, assurez-vous, si ses fleurs sont épanouies, que des boutons bien charnus en préparent de nouvelles. Inspectez soigneusement les têtes des chrysanthèmes en pots : normalement, on doit voir des boutons sous les fleurs ouvertes. Si, à la place, vous n'y trouvez que de chétifs renflements, c'est que quelqu'un d'autre aura eu le plaisir de voir avant vous la plante fleurir et que vous n'avez rien d'autre à attendre d'elle que ce qu'elle vous donne présentement. Certains pédoncules comme ceux du cymbidium brunissent et se dessèchent immédiatement au-dessous du calice sitôt que la fleur prend de l'âge.

Méfiez-vous des plantes vendues sous emballage. Pour peu que le papier qui les entoure soit opaque, il devient impossible de savoir dans quel état sont les feuilles inférieures. Rien ne vous dit qu'elles ne commencent pas à se flétrir, que leurs bords n'ont pas déjà jauni ou bruni, qu'elles ne sont pas tout simplement absentes ou, pis encore, attaquées par des parasites, auquel cas la maladie risque de se transmettre aux plantes saines qui poussent chez vous. Il se peut encore que les feuilles aient été privées d'air et de lumière depuis plusieurs jours, et que la plante soit dans un état pitoyable quand vous la sortirez de son emballage. Dans les cas extrêmes, il arrive même que les feuilles tombent une fois qu'on a retiré le papier qui les enveloppe. Quant aux plantes d'intérieur vendues sous Cellophane, elles peuvent elles aussi souffrir de l'humidité qui s'accumule dans l'emballage.

Certaines plantes d'appartement comme le polyanthus ou la cinéraire sont d'aspect très voisin, alors que deux ficus de même taille et de même prix peuvent être fort différents l'un de l'autre, tant par la forme que par la grâce. Si les plantes sont disposées en rangs serrés, n'hésitez pas à retirer du lot celles qui vous intéressent pour les examiner tout à loisir. Certaines sont dégarnies du pied, car c'est ainsi qu'elles poussent à l'état naturel. Mais il en est d'autres qui le sont aussi alors qu'elles devraient être garnies de feuillage. Écartez-les, ainsi d'ailleurs que celles qui se sont développées asymétriquement. Il n'est sans doute pas impossible de faire disparaître leur difformité par des pincements judicieux et une exposition sélective à la lumière, mais pourquoi acquérir un spécimen qui, dès le départ, est handicapé ?

On commet couramment la faute de choisir les plantes d'appartement comme on sélectionne les basketteurs, c'est-à-dire en prenant pour principal critère leur taille ; alors que très souvent elles produisent un bien meilleur effet décoratif quand elles sont moins grandes et mieux proportionnées.

Acheter durant l'hiver des plantes exposées à l'extérieur de la boutique ou sur la charrette du marchand des quatre-saisons ne va pas sans risques. La plupart des espèces qu'on trouve dans le commerce ont en effet commencé leur vie dans les conditions calorifiques, hygrométriques et nutritionnelles parfaitement contrôlées d'une serre, et c'est pour elles une épreuve parfois fatale que d'être brutalement exposées au froid et à la bise, souvent même sans qu'on leur ait laissé le temps de s'endurcir par un bref séjour dans un local à température intermédiaire. Si donc, après quelques jours passés dans ces conditions, on les transporte tout aussi brusquement dans un intérieur bien chauffé où règne une atmosphère sèche, on ne fait guère qu'augmenter le risque de mortalité. Rappelez-vous aussi que les plantes qui souffrent du froid ne le manifestent pas toujours immédiatement, et qu'il faut parfois un certain temps avant que les symptômes se déclarent d'eux-mêmes.

## FAIRE DURER LE PLAISIR

Avec les fleurs coupées, le temps est toujours compté, mais pour être fugace le plaisir n'en est pas moins intense. Mieux vaut passer une seule journée en la présence d'une coupe remplie d'éphémères pavots que trois semaines avec un vase de sempiternels chrysanthèmes de fleuriste. Rien ne vous empêche pourtant, une fois que vous aurez choisi les fleurs les plus fraîches, d'essayer de multiplier par deux ou trois leur durée d'existence pour votre plaisir.

Si les fleurs viennent de votre jardin, vous devez savoir lesquelles viennent à peine d'éclore et lesquelles sont ouvertes depuis un certain temps. De plus, il vous est tout simple de plonger dans l'eau la tige ou le rameau sitôt après l'avoir coupé, ce qui empêchera les fleurs de se dessécher et de se flétrir. D'aucuns préconisent de les cueillir très tôt le matin, et d'autres au contraire dans la soirée. En réalité, ce qu'on fait des fleurs après la cueillette est plus important que l'heure à laquelle on les cueille. Quoi qu'il en soit, commencez par débarrasser toutes les tiges des feuilles qui risquent de tremper dans l'eau du vase.

Les tiges ligneuses de certaines fleurs — le chrysanthème et la rose, par exemple — doivent avoir la queue écrasée au marteau ou bien fendue sur une longueur de deux à cinq centimètres. Certains recommandent de gratter au couteau l'écorce sur une même hauteur, ce qui revient à peu près au même. Ce traitement peut également s'appliquer aux branches des arbustes et des arbres.

Diverses fleurs — les euphorbes, les pavots, entre autres — sécrètent un liquide blanchâtre et visqueux quand on les sectionne, lequel peut ensuite durcir et empêcher l'eau de monter dans la tige. La mesure qu'il est d'usage de prendre en pareil cas consiste à immerger la tige dans l'eau bouillante pendant à peu près une demi-minute, sitôt qu'on vient de la couper, ou encore d'en brûler l'extrémité avec une allumette.

Retournez têtes en bas les fleurs pourvues d'une tige creuse — delphiniums, grands dahlias — et remplissez d'eau la cavité de cette dernière. Bouchez à l'aide d'un tampon de coton hydrophyle.

Pour prolonger la durée d'existence des fleurs, les fleuristes les plongent couramment dans l'eau tiède pendant plusieurs heures, jusqu'en haut de la tige, avant de les disposer en bouquets. Le feuillage est lui aussi soumis au même traitement, à cette différence près qu'on le laisse moins longtemps en immersion. Si la cueillette a lieu le soir, il est astucieux de plonger les fleurs pendant toute la nuit dans un seau d'eau, de sorte qu'elles en seront imbibées quand on les arrangera le lendemain matin.

Pour ceux qui vivent dans un appartement, la question de savoir à quelle heure il est préférable d'aller cueillir des fleurs au jardin ne se pose évidemment pas. L'approvisionnement se borne alors à une brève halte chez le fleuriste en revenant du travail, ou à la mention d'un article supplémentaire sur la liste des achats hebdomadaires à faire au supermarché.

La commercialisation des bouquets sous emballage de papier opaque a pour principal défaut de cacher parfois bien des vices, et en particulier d'escamoter la viscosité, la mauvaise odeur ou la flétrissure du feuillage, premiers symptômes de la dégénérescence florale. Envelopper les bouquets dans un emballage transparent dont le fond est constitué d'une feuille d'aluminium est tout aussi trompeur, car, une fois déballées, les fleurs se révèlent d'ordinaire beaucoup plus chétives qu'elles ne semblaient l'être à première vue. Sans aller jusqu'à ouvrir les emballages pour examiner les fleurs avant de les acheter, n'hésitez pas à revenir vous plaindre si on vous a vendu un bouquet endommagé.

Dans les grandes surfaces, on ne fait pas de différence entre la commercialisation des fruits et légumes et celle des fleurs, qui bien souvent portent sur leur emballage une « date limite de vente ».

Alors que les tiges et les feuilles sont souvent cachées, les fleurs sont toujours bien visibles. Si du pollen apparaît sur les étamines, ou encore recouvre les pétales inférieurs d'une fine poussière jaune, c'est à coup sûr que la fleur est sur le déclin !

Quand une fleur à pétales minces — la jonquille ou la scabieuse, par exemple — s'assèche et prend l'aspect translucide d'une feuille de papier à cigarette, ou encore brunit sur le pourtour de ses pétales, on peut également affirmer qu'elle est mal en point. Les fleurs en grappes — la digitale, le pied d'alouette, le lupin — dépérissent du bas vers le haut, et un rapide coup d'œil suffit à localiser sur le bas de la grappe des pédicelles racornis qui, peu de temps auparavant, portaient encore des fleurs. Quand une fleur est composée de plusieurs rangées de pétales, ce sont généralement les plus extérieurs qui tombent les premiers et, là encore, un examen rapide s'impose avant de prendre la décision d'acheter. Les fleurs complètement épanouies auront une vie plus brève que celles qui sont encore en boutons, bien que des boutons très serrés et de petite taille, dépourvus de couleur, risquent fort de ne jamais s'ouvrir.

Les fleurs vendues sous emballage ont encore la particularité d'être maintenues bien droites par le papier qui enserre les tiges et presse les boutons les uns contre les autres, et c'est seulement quand on les libère de leur corset qu'elles se montrent sous leurs vrais atours.

Les fleurs achetées dans une boutique gagnent toujours à être recoupées environ deux centimètres au-dessus de leur section primitive dès qu'elles arrivent dans la maison. Aussitôt après, immergez-les quelque temps dans de l'eau tiède, car elles ne font pas que s'y baigner ; elles s'y désaltèrent aussi. Par la suite, vérifiez soigneusement la propreté de leur vase, en ajoutant de l'eau si nécessaire. A intervalles réguliers, nettoyez le vase et changez l'eau en totalité, sans oublier de recouper l'extrémité des tiges si elles deviennent visqueuses, ni de retirer les fleurs fanées. Dans une pièce chaude et sèche, une pulvérisation d'eau tiède de temps en temps donnera à la plupart de vos fleurs un regain de jeunesse.

# LES NOMS DES PLANTES

## NOMS COMMUNS OU NOMS SAVANTS

Toute plante possède une appellation botanique qui lui est propre, qui la distingue sans ambiguïté de toutes les autres et demeure inchangée dans toutes les langues. Mais la plupart des végétaux meurent de leur belle mort sans que jamais personne ne les ait appelés par ce nom, après avoir subi l'outrage de se voir affublés de divers termes parfois bien surprenants. Prenons l'exemple de cette charmante liane grimpante à floraison rose pâle à laquelle on attribue le nom générique (quasiment l'équivalent botanique de ce qu'est pour nous le nom de famille) de *Lapageria rosea*, en hommage à l'épouse de Napoléon Bonaparte, l'impératrice Joséphine, qui avait pour nom de jeune fille Tascher de La Pagerie. Quant au nom spécifique *rosea* (l'équivalent pour nous du prénom), il fait référence à la coloration rose des fleurs en forme de clochettes. Cependant, cette plante est beaucoup plus souvent désignée sous l'appellation commune et plurielle de clochette du Chili, pays dont elle est originaire, ou encore sous celle de lis grimpant, étant donné que, comme le lis, elle appartient à la famille des liliacées. Dans certains vieux traités de jardinage, on la qualifiait encore de clochette de Napoléon.

Quand on sait par ailleurs que la plupart des plantes d'intérieur portent toutes au moins un nom commun, et bien souvent plusieurs, parmi lesquels certains désignent plusieurs plantes totalement différentes — belle-dame, par exemple, désigne aussi bien *Atropa belladona*, qui est une solanacée, que *Atriplex hortensis* qui, elle, est une chénopodiacée —, on comprend combien la nomenclature peut prêter à confusion. Si l'on songe à tous les noms communs donnés à une même plante dans différentes langues, l'esprit s'y perd.

Il reste que les noms communs par lesquels on désigne les végétaux sont commodes et souvent pleins de charme, même si les puristes de la terminologie lèvent les bras au ciel quand on les prononce devant eux. C'est que, dans leur grande majorité, les noms botaniques sont d'origine latine ou grecque et, quelle que soit leur précision descriptive, ils n'ont absolument aucun sens pour qui n'a pas une solide formation classique. Quant aux noms commémoratifs tels que lapageria ou fuchsia (dérivé de Leonhart Fuchs, un botaniste allemand du XIV$^{e}$ siècle), ils ne font la plupart du temps que nous rappeler l'existence obscure de missionnaires morts depuis longtemps, de personnalités ou de chasseurs de plantes qui se sont illustrés du temps où l'espèce en question a été découverte ou mise à la mode.

Les éditeurs d'ouvrages de vulgarisation sur le jardinage répugnent d'ordinaire à faire usage des noms botaniques, qui selon eux « ne parlent pas » au lecteur, quand ils ne risquent pas tout bonnement de le rebuter. Typographiquement parlant, il est d'usage d'écrire les noms botaniques en italique afin de les démarquer du texte, ce qui a bien souvent pour résultat de disperser l'attention, de compliquer la lecture... et parfois aussi de faire passer l'ouvrage pour plus érudit qu'il n'est.

En revanche, ceux qui commercialisent à vaste échelle les plantes d'appartement ne s'encombrent guère de ces considérations typographiques et se gardent bien de recourir aux noms savants. « Rosiers buissons » et « bulbes à fleurs » nous fournissent deux exemples désastreux des faiblesses que peut présenter la nomenclature vulgaire. Car l'un comme l'autre désignent des végétaux en repos, et le second, quand il s'applique à des plantes sous emballage opaque, a de quoi laisser perplexe le jardinier le plus averti !

L'idéal serait que les étiquettes mentionnent à la fois le nom vulgaire et l'appellation botanique complète, et que les livres de jardinage comportent, comme le fait celui-ci, un index des correspondances, car si le nom générique et le nom commun sont parfois confondus, comme dans le cas du bégonia et du chrysanthème, cette confusion peut donner une illusion de sécurité trompeuse : il existe en effet des centaines de variétés de ces deux plantes, de sorte que lorsqu'on veut en acheter une qui nous plaise tout particulièrement et qu'on ne dispose pour toute indication que d'une dénomination générique, on a bien peu de chances de tomber sur la bonne variété.

A ces épithètes générique et spécifique (respectivement la première et la seconde dans la classification de Linné) viennent encore s'en ajouter d'autres, car chez certaines espèces de nouvelles variétés se créent naturellement, et pour les différencier des autres on les dote d'ordinaire d'un troisième qualificatif qu'on accroche, en italique, au nom spécifique. En outre, les variétés obtenues par sélection, ou cultivars (tel est le cas de la grande majorité des plantes d'appartement), sont elles aussi différenciées par une appellation cette fois formulée en caractères romains et encadrée de guillemets simples. Bien que cette appellation vienne en troisième position, elle revêt souvent une importance de premier plan puisque c'est elle qui nous indique par exemple si on a affaire à une variété naine ou géante. Les hybrides, enfin, résultent du croisement de deux espèces ou de deux variétés. Leurs graines ne reproduisent que très rarement leurs caractéristiques particulières, qui associent d'ordinaire les meilleures qualités des parents qui les ont fécondés.

Mais tout index se proposant d'établir des équivalences entre noms vulgaires et appellations savantes risque de devenir caduc au bout d'un certain temps. Car non seulement les noms vulgaires changent, mais les appellations botaniques évoluent elles aussi et parfois même prêtent à contestation. Telle ou telle appellation qui, hier encore, était correcte, peut fort bien ne plus l'être aujourd'hui, tout comme telle ou telle autre en usage aujourd'hui sera demain tombée en désuétude. Cela dit, cet index de conversion vous sera d'un grand secours pour peu que vous souhaitiez en savoir davantage sur l'une ou l'autre des plantes d'appartement dont il est question dans ce livre, ou encore en faire l'acquisition.

Appellations communes et nomenclature de Linné

| | |
|---|---|
| Achimenes | *Achimenes erecta*<br>*Achimenes grandiflora*<br>*Achimenes longiflora* |
| Acore | *Acorus gramineus* 'variegatus' |
| Aechmea | *Aechmea fasciata* |
| Agave | *Agave americana* 'Marginata'<br>*Agave filifera*<br>*Agave victoriae-reginae* |
| Aloès | *Aloe arborescens*<br>*Aloe brevifolia*<br>*Aloe variegata* |
| Amaryllis | *Hippeastrum* hybrides |
| Ananas | *Ananas (bracteatus striatus)*<br>*Ananas comosus* 'variegatus' |
| Anthurium | *Anthurium andreanum*<br>*Anthurium chrystallinum*<br>*Anthurium scherzenianum* |
| Arbousier | *Arbutus unedo* |
| Arbre ombrelle | *Schefflera actinophylla* |
| Arum d'Éthiopie | *Zantedeschia aeothiopica* |
| Asparagus | *Asparagus (densiflorus* 'Meyer')<br>*Asparagus sprengeri*<br>*Asparagus falcatus*<br>*Asparagus plumosus* |
| Aspidistra | *Aspidistra lurida* |
| Aster de Chine | *Callistephus chinensis* |
| Azalée de l'Inde | *Rhododendron indicum*<br>*Rhododendron (simsii)* |
| Balsamine | *Impatiens petersiana*<br>*Impatiens walleriana* |
| Beaucarnea | *Beaucarnea recurvata* ou<br>*Nolina recurvata* |
| Bégonia | *Begonia boweri*<br>*Begonia coccinea*<br>*Begonia erythrophylla*<br>*Begonia masoniana*<br>*Begonia metallica*<br>*Begonia rex culturum*<br>*Begonia semperflorens*<br>*Begonia tuberhybrida* |
| Beloperone | *Beloperone guttata* |
| Billbergia | *Billbergia nutans* |
| Bougainvillée | *Bougainvillea buttiana*<br>*Bougainvillea glabra* |
| Browallia | *Browallia speciosa*<br>*Browallia viscosa* |
| Bugle | *Ajuga reptaus* |
| Buis | *Buxus sempervirens* |
| Caladium | *Caladium hortulanum* |
| Calcéolaire | *Calceolaria herbeohybrida* |
| Callisia | *Callisia elegans*<br>*Callisia fragrans* |
| Callistemon | *Callistemon (citrinus)* |
| Camélia | *Camellia japonica* |
| Campanule | *Campanula isophylla* |
| Caoutchouc | *Ficus elastica* 'Decora' |
| Cerisier d'amour | *Solanum pseudo-capsicum* |
| Ceropegia | *Ceropegia woodii* |
| Chalef argenté | *Elaegnus* |
| Cheveux de Vénus | *Adiantum capillus-veneris* |
| Chèvrefeuille | *Lonicera japonica* |
| Chlorophytum | *Chlorophytum comosum*<br>*Chlorophytum vittatum* |
| Chrysanthème | *Chrysanthemum frutescens*<br>*Chrysanthemum morifolicum* |
| Cinéraire hybride | *Senecio cruentus* |
| Cissus | *Cissus antartica*<br>*Cissus rhombifolia* |
| Citrangedin | *Citrus mitis* |
| Citronnier | *Citrus limon* |
| Clianthus | *Clianthus puniceus* |
| Clivia | *Clivia miniata* |
| Clochettes du Chili | *Lapageria rosea* |
| Coleus | *Coleus blumei* |
| Columnea | *Columnea banksii*<br>*Columnea microphilla* |
| Corbeille d'argent | *Arabis caucasica* |
| Corête du Japon | *Kerria japonica* |
| Corne d'élan | *Platycerium alcicorne* |
| Coudrier tortueux | *Corylus avellana* 'Contorta' |
| Croton | *Codiaeum variegatum pictum* |
| Cyclamen de Perse | *Cyclamen persicum* |
| Cyperus | *Cyperus alternifolius* |
| Dracaena | *Pleomele fragrans*<br>*Pleomele marginalis* |
| Érable Negundo | *Acer negundo* 'variegatum' |
| Étoile de Bethléem | *Ornithogalum umbellatum* |
| Étoile de Marie | *Campanula isophylla* |
| Eucalyptus | *Eucalyptus globulus*<br>*Eucalyptus gunii*<br>*Eucalyptus niphophila* |
| Eucomis | *Eucomis bicolor* |
| Fatshedera | *Fatshedera lizei* |
| Fatsia | *Fatsia japonica* |
| Ficus | *Ficus benjamina*<br>*Ficus elastica*<br>*Ficus lyrata*<br>*Ficus pumila*<br>*Ficus radicans* |
| Fleur de la Passion | *Passiflora caerulea* |
| Fougères | *Asplenium bulbiferum*<br>*Asplenium nidus*<br>*Cyrtomium falcatum*<br>*Nephrolepis exaltata*<br>*Pelleae rotundifolia*<br>*Phyllitis scolopendrium*<br>*Platycerium bifurcatum*<br>*Pteridium aquilinum* |
| Gardénia | *Gardenia jasminoides* |
| Genêt commun | *Cytisus scoparius* |
| Genêt d'Espagne | *Spartium junceum* |
| Genêt du Maroc | *Cytisus battandieri* |
| Géranium | *Geranium ssp.* |
| Gesse à grandes fleurs | *Lathyrus grandiflorus* |
| Giroflée | *Cheiranthus cheiri* |
| Gloriosa | *Gloriosa rothschildiana* |
| Guzmania | *Guzmania lingulata* |
| Haemanthus | *Haemanthus coccineus* |
| Hedychium | *Hedychium coccineum*<br>*Hedychium coronarium*<br>*Hedychium gardnerianum* |
| Helxine | *Helxine soleirolii* |
| Heptapleurum | *Heptapleurum arboricola* |
| Herbe des pampas | *Cortaderia argentea* |
| Hortensia | *Hydrangea macrophylla* |
| Hoya | *Hoya bella*<br>*Hoya carnosa* |
| Ipomée | *Ipomea tricolor* |
| Isolepis | *Isolepis gracilis* ou<br>*Scirpus cernuus* |
| Jacaranda | *Jacaranda acutifolia* |

| | |
|---|---|
| Jasmin | *Jasminum polyanthum* |
| Jasmin étoilé | *Trachelospermum jasminoides* |
| Kentia | *Howea belmoreana*<br>*Howea forsteriana* |
| Kumquat | *Fortunella japonica* |
| Lachenalia | *Lachenalia aloides* |
| Lamier | *Lamium maculatum* |
| Laurier du Portugal | *Prunus lusitanica* |
| Laurier-rose | *Nerium oleander* |
| Laurier-sauce | *Laurus nobilis* |
| Laurier-tin | *Viburnum tinus* |
| Lierre | *Hedera canariensis*<br>*Hedera colchica* |
| Lierre commun | *Hedera helix* |
| Lierre japonais | *Parthenocissus tricuspidata* |
| Mandevillea | *Mandevillea suavolens* |
| Marante | *Maranta leuconeura* |
| Medinilla | *Medinilla magnifica* |
| Mimosa | *Acacia dealbata* |
| Monnaie du pape | *Lunaria annua* |
| Monstera | *Monstera deliciosa* |
| Muflier | *Antirrhinum majus* |
| Néflier du Japon | *Eriobotrya japonica* |
| Nidularium | *Nidularium fulgens* |
| Œillet de poète | *Dianthus barbatus* |
| Oranger du Mexique | *Choisya ternata* |
| Orchidée | *Cattleya* sp & cv.<br>*Cymbidium* sp & cv.<br>*Dendrobium* sp & cv.<br>*Odontoglossum* sp & cv.<br>*Paphiopedilum* sp & cv.<br>*Phalaenopsis* sp & cv.<br>*Vanda* sp & cv. |
| Orpin | *Sedum morganianum* |
| Ortie blanche | *Lamium album* |
| Palmiers | *Caryota mitis*<br>*Caryota urens*<br>*Chamadorea elegans*<br>*chamaerops humilis*<br>*Chrysalidocarpus lutescens*<br>*Cocos weddeliana*<br>*Howea belmoreana*<br>*Howea forsteriana*<br>*Livistona chinensis*<br>*Microcoelum weddellianum*<br>*Phoenix canariensis*<br>*Phoenix dactylifera* |
| | *Phoenix roebelinii*<br>*Rhapis excelsa*<br>*Rhapis humilis*<br>*Syagrus weddeliana*<br>*Trachycarpus fortunei*<br>*Washingtonia filifera* |
| Passiflore | *Passiflora caerulea* |
| Pelargonium | *Pelargonium crispum*<br>*Pelargonium domesticum*<br>*Pelargonium fragrans*<br>*Pelargonium hortorum*<br>*Pelargonium peltatum*<br>*Pelargonium quercifolium*<br>*Pelargonium tomentosum* |
| Peperomia | *Peperomia caperata*<br>*Peperomia sandersii argyrea*<br>*Peperomia scandens* |
| Pervenche de Madagascar | *Vinca rosea* |
| Philodendron | *Philodendron bipinnatifidum*<br>*Philodendron x burgondy*<br>*Philodendron scandens*<br>*Philodendron selloum* |
| Pied d'allouette | *Delphinium elatum* |
| Pied d'éléphant | *Beaucarnea recurvata* |
| Piment ornemental | *Solanum capsicastrum* |
| Pittosporum | *Pittosporum tenuifolium*<br>*Pittosporum tobira* |
| Plectranthus | *Plectranthus oertendahlii*<br>*Plectranthus australis* |
| Plumbago | *Plumbago capensis* |
| Podocarpus | *Podocarpus macrophyllus* |
| Poinsettia | *Euphorbia pulcherrima* |
| Pois de senteur | *Lathyrus odoratus* |
| Pomélo | *Citrus paradisi* |
| Primevère | *Primula x kewensis*<br>*Primula malacoides*<br>*Primula obconica*<br>*Primula polyantha*<br>*Primula sinensis*<br>*Primula vulgaris* |
| Pyrèthre de Dalmatie | *Chrysanthecum cinerariifolium* |
| Ravenelle | *Cheiranthus cheiri* |
| Rose d'Inde | *Tagetes erecta*<br>*Tagetes patula* |
| Saintpaulia | *Saintpaulia cv.* |
| Sansevière | *Sansevieria trifasciata* |
| Saule de Pékin | *Salix matsudana* 'Tortuosa' |
| Saxifrage | *Saxifraga sarmentosa* |
| Schefflera | *Schefflera actinophylla* |
| Schizanthus | *Schinzanthus pinnatus papilionaceus* |
| Schlumbergera | *Schlumbergera bridgesii* |
| Sélaginelle | *Selaginella apoda*<br>*Selaginella kraussiana* 'Aurea'<br>*Selaginella martensii* |
| Séneçon | *Senecio cruentus*<br>*Senecio macroglossus*<br>*Senecio mikanioides* |
| Setcreasa | *Setcreasa purpurea* |
| Solanum | *Solanum capsicastrum* |
| Sparmannia | *Sparmannia africana* |
| Stephanotis | *Stephanotis floribunda* |
| Streptocarpus | *Streptocarpus cv.* |
| Thunbergie | *Thunbergia alata* |
| Tillandsia | *Tillandsia lindeniana* |
| Tradescantia | *Tradescantia albiflora*<br>*Tradescantia blossfeldiana* 'variegata'<br>*Tradescantia fulminensis*<br>*Zebrina pendula* |
| Vallota | *Vallota speciosa* |
| Violette d'Usambara | *Saintpaulia* |
| Volubiles | *Cobaea scandens* |
| Volubilis | *Ipomea purpurea* |
| Vriesia | *Vriesia fenestralis*<br>*Vriesia splendens* |
| Weigelia | *Diervilla spp.* |
| Yucca | *Yucca aloifolia* |
| Zebrina | *Zebrina pendula* cv. |

## REMERCIEMENTS

L'éditeur remercie les photographes et les entreprises suivants pour avoir donné l'aimable autorisation de reproduire les photographies figurant dans ce livre :

Heather Angel 111 ; Guy Bouchet 42, 60, 102, 105 ; Michael Boys 6-7, 33, 71 (*designer John Stefanidis*), 80 ; Linda Burgess 113 ; Camera Press 1, 37 en dessous, 58, 65, 88, 108, 109 ; Cent Idées (*Maltaverne/Faver*) 48-49, 49 (*Clergironnet*), 62-63, 63, 122-123 ; Gilles de Chabaneix 18-19, 24, 29, 47, 50, 54-55, 70, 91 ; Luc de Champris pour Maison Française (*Anne-Marie Beretta*) 13, 94 ; Inge Espen-Hansen 118 ; Good Housekeeping (*Jan Baldwin*) 38-39 (*David Brittain*), 88-89 (*Di Lewis*), 98 ; Agence Susan Griggs/Michael Boys 117 ; Lars Hallen 92-93 ; Jerry Harpur 112 ; Annet Held 26-27, 84-85, 100-101, 121 ; Marijke Heuff 76, 116 ; Neil Holmes 107 ; Jacqui Hurst 81 ; Georges Lévêque 66, 75, 106-107 ; Maison Française (*Gervais*) 31, 45 à gauche, 97 (*Primois*), 82-83 (*Marianne Haas*), 104 ; La Maison de Marie-Claire (*Pataut/Bayle*) 8, 40-41, 57 (*Pataut/Puech*), 10-11 (*Pataut/Lautier*), 14-15, 114 (*Hussenot/Hourdin*), 22-23 (*Girandeau/Hirsch-Marie*), 25 en dessous, 27, 37 au-dessus, 45 à droite, 86-87 (*Hussenot*), 28 (*Rozès/Hirsch-Marie*), 30, 32, (*Dirand*), 46 (*Chabaneix/Charbonnier*), 68-69 (*Chabaneix/Puech*), 99 ; Mon Jardin et Ma Maison (*Yves Duronsoy*) 41 (*Yves Duronsoy/M. Broussaud*), 51 (*Nicolas Peron*), 59 (*Nicolas Peron/M. Broussaud*), 79 en dessous ; Photos Horticultural 56 ; Design Andrée Putnam 18 ; Bent Rej 20-21, 60-61, 72, 74, 79 au-dessus, 83 ; Top Agence (*Roland Beaufre*) 115 (*J. P. Hagnauer, Paris*), 120 ; Deidi Von Schaewen 72-73 ; Elisabeth Whiting et Associés (*Clive Helm*) 90, 110-111 (*Frank Herboldt*), 34 ; World of Interiors (*Clive Frost*) 96 (*James Mortimer*), 25 au-dessus (*John Vaughan*), 87 (*Fritz von der Schulenburg*) 9.

Des remerciements vont à Alain Richert pour son rôle de conseiller en botanique pour l'édition française de l'ouvrage.

Les photographies suivantes ont été prises spécialement pour cet ouvrage par :

Simon Brown (*François Gilles de I.P.L. Intérieurs*) 52-53 (*Clifton Nurseries*), 77 (*Nicolas Gresswell*), 136 ; Ken Kirkwood 16, 95.